Donald G. Krause

Die Kunst der Überlegenheit

Konfuzius'
und **Sun Tzus**
Prinzipien für
Führungskräfte

UEBERREUTER

Die Deutsche Bibliothek - CIP-Einheitsaufnahme

Krause, Donald G.:
Die Kunst der Überlegenheit : Konfuzius' und Sun Tzus Prinzipien für Führungskräfte / Donald G. Krause. [Aus dem Amerikan. von Marcus Erbe]. - Wien : Wirtschaftsverl. Ueberreuter, 1997
   Einheitssacht.: The way of the leader <dt.>
   ISBN 3-7064-0344-7

Alle Rechte vorbehalten
Aus dem Amerikanischen von Marcus Erbe
Originaltitel: „The Way of the Leader", erschienen bei The Berkley Publishing Group, New York
Copyright © 1997 by Donald G. Krause
Copyright © der deutschsprachigen Ausgabe 1997
by Wirtschaftsverlag Carl Ueberreuter, Wien/Frankfurt
Umschlag: Kurt Rendl
Druck: Ueberreuter Print

Inhalt

Danksagung _____ 7

Einführung _____ 8

Abschnitt I – Grundlagen des Führens

I.   Das Wesen des Führens _____ 14
    Die beste Art, die Dinge zu erledigen
    Führen unter schwierigen Bedingungen
    Arbeitsebenen, Struktur und Verantwortungsbereiche

Abschnitt II – Die Erfolgsprinzipien

II.   Selbstdisziplin _____ 34
III. Zielorientiertheit _____ 39
IV. Leistung _____ 48
V.   Verantwortlichkeit _____ 55
VI. Wissen _____ 62
VII. Leiterschaft _____ 72
VIII. Positives Beispiel _____ 82

Abschnitt III – Beispiele von Führerschaft

IX. Selbstdisziplin _____ 92
    George Washington: – Regeln des Verhaltens und der Ethik
    George C. Marshall: Klarheit und Entschlossenheit

X.   Zielorientiertheit _____ 99
    Ulysses S. Grant: Zuversicht in der Krise
    Winston S. Churchill: Außerordentliche Visionskraft

XI. Leistung _____ 106
    Robert E. Lee: Strategische Grundsätze
    George Washington: Unerwartete Taktiken

XII. Verantwortlichkeit _____ 114
    Lawrence von Arabien: Schwierige Entscheidungen treffen
    Dwight D. Eisenhower: Wege zum Sieg

XIII. Wissen _____ 122
    Ulysses S. Grant: Dem Unbekannten ins Auge sehen
    Thomas A. Edison: Führerschaft und Innovation

XIV. Leiterschaft _____ 129
    Lawrence von Arabien: Respekt hervorrufen
    George Washington: Politische Weisheit

XV. Positives Beispiel _____ 137
    Robert E. Lee: Ein Vorbild für Ruhm und Ehre
    George Washington: Zu seinen Prinzipien stehen

Danksagung

Mein Dank gilt den vielen Menschen, die mich mit Ermutigungen und Ideen unterstützt haben. Die einfühlsamen Kommentare meines amerikanischen Verlegers John Duffy haben den Wert dieses Buches für den Leser außerordentlich gesteigert. Die Unterstützung meines britischen Verlegers Nicholas Brealey half mir, die Vollendung meiner Aufgabe nicht aus den Augen zu verlieren und mich auf zusätzliche Arbeiten zu konzentrieren. Den Bemühungen meiner Agentinnen Susan Urstadt und Jeanne Fredericks ist es zu verdanken, daß meine Bücher – ob zum allgemeinen Vorteil oder nicht – in der gesamten Welt verbreitet wurden. Die kulturellen Einblicke meines guten Freundes und geschätzten Mitarbeiters Dr. Chang Miao, des Leiters der West Suburban Chinese Language School bei Chicago, erhöhten mein Verständnis von der Anwendung orientalischer Philosophie. Und schließlich möchte ich Dr. Bob Shively von der Babcock Graduate School of Management an der Wake Forest University dafür danken, daß er mir – einem „äußerst widerborstigen Mistkerl", wie Bob sich 1975 ausdrückte – die Einsicht eröffnete, daß es im Geschäftsleben letztlich an der Kraft der Menschen liegt, wenn die Aufgaben erfüllt werden.

Einführung

Das Wesen des Führens zu verstehen und hohe Führungsqualitäten zu entwickeln, ist wahrscheinlich die mit Abstand wichtigste Aufgabe in der heutigen Gesellschaft. Wie einzelne Staaten, so erblühen und vergehen auch Organisationen einzig und allein aufgrund des Weitblicks und der Fähigkeiten ihrer Führer. Die Herausforderungen, denen sich Führer zu stellen haben, sind weder neu, noch sind sie typisch für unsere Epoche allein. Auch im alten China verbrachten die Herrscher sehr viel Zeit damit, die Prinzipien von Führerschaft zu ergründen. Dies galt besonders für das Führen unter äußerst schwierigen Bedingungen – den Umwälzungen, dem Chaos und der Unsicherheit, die durch Krieg, Hungersnot und soziale Veränderungen verursacht werden. Besonders die Führungstheorien, die von zwei Männern entwickelt wurden – dem berühmten Feldherrn Sun Tzu und dem großen Philosophen Konfuzius –, ergeben zusammengenommen ein System, das sich seit Jahrhunderten auch unter schwierigsten Bedingungen bewährt hat. Das Buch „Die Kunst der Überlegenheit" will die Führungstheorien dieser beiden Männer auf das Geschäftsleben übertragen und in Verbindung mit den herausragenden Ideen moderner militärischer und politischer Führer zu einem klar verständlichen Modell effektiver Führerschaft vereinen, das sowohl der einzelne als auch ganze Organisationen mit Erfolg in der wettbewerbsorientierten modernen Geschäftswelt anwenden können.

Sun Tzu entwickelte die fundamentalen Konzepte für erfolgreiche Kriegführung und erfolgreichen Wettbewerb vor etwa 2500 Jahren in seinem zeitlos gültigen Buch „Die Kunst des Krieges". Sun Tzus Text ist zwar noch heute das entscheidende Werk über das Gewinnen von Schlachten, doch er konzentriert sich darin hauptsächlich auf die grundsätzliche Wettbewerbsstrategie. Aber selbst die aufgeklärteste Strategie erfordert wirksame Führungsqualitäten, um erfolgreich zu sein. Auch Sun Tzu selbst betonte, daß Erfolg im Wettbewerb weitgehend, wenn nicht sogar vollständig, von der Qualität und der Stärke der Führung abhänge. In der Kunst des Krieges liefert er jedoch keine brauchbare Beschreibung der Eigenschaften eines guten Führers.

Konfuzius lebte ungefähr zur selben Zeit wie Sun Tzu. Da sie also annähernd in derselben Epoche entstanden, können wir die konfuzianischen Lehren heranziehen, um einen zuverlässigen Einblick in die moralischen und philosophischen Grundlagen Sun Tzus zu gewinnen. Die Lehre des Konfuzius beinhaltet die vorherrschenden sozialen und ethischen Ideale jener Periode, wozu auch Sun Tzus Prinzipien von Führerschaft und Befehlsstruktur gehören. Die konfuzianischen Reflexionen über das Führen geben uns den Schlüssel für Sun Tzus Ideen in die Hand, so daß wir zu einem umfassenderen Verständnis erfolgreichen Führens gelangen – und zwar insbesondere unter schwierigen und herausfordernden Bedingungen.

Die konfuzianischen Lehren sind uns zum Teil als kurze Lektionen erhalten, die Analekte genannt werden. Von den insgesamt etwa 450 Analekten, die in modernen Übersetzungen verfügbar sind, habe ich für diesen Text an die 120 verwendet. Diese behandeln ausschließlich Fragen des Führens, des Wettbewerbs und der Macht. Ich habe sie den Gepflogenheiten einer modernen Geschäftssprache angepaßt, damit sie unmittelbar auf aktuelle Wirtschaftssituationen übertragen werden können.

Das Wesen des Führens ist ein kontroverses Thema. Eine Vielzahl von Theorien untersuchen die Grundlagen von Führerschaft und die Möglichkeiten, Führungsqualitäten zu entwickeln. Die Ideen dieses Buches sind natürlich nicht neu. Aber sie haben sich im Laufe der vergangenen 2500 Jahre immer wieder bewährt. Wenn Sie, wie Sun Tzu, der Meinung sind, daß Erfolg sowohl auf der Unternehmens- wie auch auf der persönlichen Ebene in hohem Maße von Führungsqualitäten abhängt, dann können Ihnen diese Ideen dabei helfen, den Pfad des Erfolges zu finden. Dieses Buch bringt die philosophische Sicht sowohl von „Die Kunst des

Krieges" wie auch der Analekte des Konfuzius auf den Punkt. Es ist gedacht als Modell siegreichen Handelns; als eine Straßenkarte zum Erfolg. Setzen Sie die Ideen von Sun Tzu und Konfuzius auf der Grundlage guter Managementpraktiken um, so können und werden Sie Ihre Fähigkeiten als Wirtschaftsführer verbessern und Ihre Schlagkraft stärken.

Der Unterschied zwischen Führung und Management

Dieses Buch handelt von Wirtschaftsführung. Ich bin zwar der Meinung, daß Führung und Management in geschäftlichen Belangen zueinander in Beziehung stehen und beide für den Gesamterfolg wichtig sind, aber dennoch besteht ein Unterschied zwischen ihnen. Führung verlangt meiner Ansicht nach die Respektierung eines sozialen Kontraktes zwischen Führendem und Geführten. Der Führer muß sowohl den Willen als auch das Vermögen besitzen, die Folgen von Ereignissen zu kontrollieren, indem er in gemeinschaftlicher Weise Macht über das Handeln anderer Menschen ausübt. Darüber hinaus muß ihm diese Macht von jenen, die geführt werden, aus freien Stücken übertragen worden sein. Führungsmacht beruht auf gegenseitigem Einverständnis sowie gegenseitigen Erwartungen und Verpflichtungen. Da sich Managementbefugnisse in erster Linie aus der Position oder den Besitzverhältnissen ergeben, sind für das Management als solches diese Faktoren nicht unbedingt erforderlich. Management kann in bestimmten Situationen durchaus wirkungsvoll sein, ohne daß ein sozialer Kontrakt zwischen Betriebsleitung und Angestellten besteht oder die Zustimmung der dem Management unterstellten Personen garantiert ist. Ich glaube jedoch, daß jeder zugeben wird, daß die Resultate eines guten Managements optimiert werden, wenn Managementstärke und Führungsstärke einander ergänzen. Dieses Buch will guten Managern ein Modell dafür liefern, wie sie außerdem noch erfolgreiche Führer werden können.

Gliederung des Textes

Der Text ist in drei Abschnitte unterteilt. Der erste Abschnitt, „Grundlagen des Führens", enthält eine Einführung in die Führungstheorien von Sun Tzu und Konfuzius, bezogen auf die Geschäftswelt. Der zweite Abschnitt, „Die Prinzipien des Erfolgs", besteht aus sieben Kapitel, die den Leser in die Grundsätze des Führens, die in der Person des idealen Führers konzentriert sind, einweihen. Diese sieben Prinzipien des Erfolgs sind: Selbstdisziplin, Zielorientiertheit, Leistung, Verantwortlichkeit, Wissen, Leiterschaft („Leiterschaft" ist ein Begriff, den ich geprägt habe, um einen starken, visuellen Eindruck zu vermitteln. Er wird an späterer Stelle im einzelnen erläutert) und positives Beispiel.

Der dritte Abschnitt, „Beispiele von Führerschaft", zeigt in einer Reihe von Einzeldarstellungen, wie berühmte Führer der jüngeren Vergangenheit die hier erörterten Prinzipien angewendet haben, um persönliche und organisatorische Erfolge zu erzielen. Die Führer, die behandelt werden, sind George Washington, Robert E. Lee, Winston S. Churchill, Ulysses S. Grant, Thomas A. Edison, George C. Marshall, T. E. Lawrence und Dwight D. Eisenhower.

Sie werden rasch erkannt haben, daß keine dieser Persönlichkeiten aus dem modernen Wirtschaftsleben stammt. Moderne Wirtschaftsführer schienen mir aus folgendem Grund als Modellfälle nicht geeignet: Gelegentlich besteht erhebliche Unklarheit darüber, was in der heutigen betrieblichen Praxis als herausragende Führungskraft zu gelten hat. Viele bekannte (in einigen Fällen mag „berüchtigte" der treffendere Ausdruck sein) Führungskräfte sind ausgezeichnete Schauspieler. Viele bekannte Geschäftserfolge erlangten durch effektvolle PR-Kampagnen öffentliche Aufmerksamkeit. In einem sensationslüsternen Umfeld beruht öffentliche Anerkennung nicht immer auf lohnenden Ergebnissen. Folglich erreichen großartige Führungskräfte unter Umständen auch nicht den Bekanntheitsgrad, den sie verdienen würden. Aus diesem Grunde konnte ich im Zuge meiner Forschungsarbeiten nicht genügend glaubwürdige und zuverlässige Informationen sammeln, um die Fähigkeiten oder den Charakter moderner Führungskräfte objektiv beurteilen zu können. Das gilt besonders für diejenigen, deren Namen bereits zu Allerweltsbegriffen geworden sind. Daher habe ich mich entschlossen, die Leistungen historischer Führer zu erörtern, deren Leben gründlich dokumentiert ist und deren Verdienste mit Sicherheit nicht über Nacht durch Pressemitteilungen geschaffen wurden. Darüber hinaus hat der Wert ihrer Anstrengungen wahrhaftig die Prüfungen der Zeit überstanden.

Um den Zielsetzungen von „Die Kunst der Überlegenheit" gerecht zu werden, habe ich die relevanten Ideen zusammengetragen, die in alten und modernen Texten, vor allem in Sun Tzus „Die Kunst des Krieges" und Konfuzius' Analekten, enthalten sind. Diese Ideen wurden in verständlicher Form zusammengestellt und umformuliert, dann wurden sie neu interpretiert, damit sie direkt auf das moderne Geschäftsleben anwendbar sind. Ich habe Leben und Taten berühmter Führer erforscht, um offenlegen zu können, wie sie die in diesem Bereich erörterten Ideen in Situationen angewendet haben, mit denen sie sich konfrontiert sahen. Und schließlich habe ich jedes Prinzip des Führens sorgfältig definiert, damit der Leser nach diesen Definitionen sein eigenes Verhalten einschätzen und seine Leistung verbessern kann, besonders die Leistung in einem geschäftlichen Umfeld, wie wir es heute vorfinden.

Beim Umformulieren der hier verwendeten Zitate habe ich mich bemüht, den Ton des Originaltextes beizubehalten und dennoch die Ausdrucksform für Leser aus der Geschäftswelt zu aktualisieren und entsprechend zu bearbeiten. Da die verwendeten Passagen aus vielen verschiedenen Quellen stammen, galt als Kriterium für ihre Einordnung in den Kontext, wie gut sie zum jeweils erörterten Thema des Buches paßten und wie hilfreich sie bei der Weiterentwicklung dieses Themas waren.

Abschnitt 1

Grundlagen des Führens

I
Das Wesen des Führens

Führen kann definiert werden als der Wille, Ereignisse zu kontrollieren, das Wissen, eine Route vorzugeben, und die Kraft, eine Aufgabe zu erfüllen, indem in kooperativer Weise die Fachkenntnisse und Fähigkeiten anderer Menschen genutzt werden. Die Zielsetzungen und Anforderungen an eine starke, wirkungsvolle Führerschaft sind heute dieselben wie vor 2500 Jahren zur Zeit Sun Tzus und des Konfuzius.

Sun Tzu und Konfuzius glaubten, daß Führungskraft in ihrem fundamentalen Wesen von innen komme. Die Kraft des Führens entsteht im moralischen und philosophischen Bewußtsein eines Menschen in Beziehung zu seiner Anhänger- und Gefolgschaft. Sie wurzelt im Charakter, nicht im zufälligen Geburtsrecht oder im sozialen Rang. Der Charakter einer starken Führungspersönlichkeit läßt sich aber nur durch sorgfältiges, zielgerichtetes Üben entwickeln. Führung kann in ihrem substantiellen Kern durch zweitägige betriebliche Fortbildungsseminare oder zweiwöchige Abenteuerreisen in die Wildnis zwar kurz erfaßt, aber nicht erlernt werden. Um sie sich anzueignen, muß man sie über lange Zeit immer wieder aufnehmen, innerlich verarbeiten, sie fördern und sich nutzbar machen. Schließlich stellen die Anforderungen an wirksames und auch lohnendes Führen unter schwierigen Geschäftsbedingungen – etwa raschen Wandel, inneren und äußeren Konflikten, technologischem Chaos und politischen, sozialen und wirtschaftlicher Unsicherheit – eine Herausforderung dar.

In der „Kunst des Krieges" sagt Sun Tzu, daß allein die Führungsqualitäten den Erfolg im Wettbewerb bestimmen, das heißt den Erfolg in einem Umfeld, das geprägt ist von rasch wechselnden Bedingungen, Konflikten, Chaos oder Unsicherheit, so wie es in der Regel auf dem Schlachtfeld zu finden ist, aber im übertragenen Sinne auch in einer sich rapide entwickelnden Marktwirtschaft. Darüber hinaus stellt er fest, daß Führungsqualität im Charakter eines Menschen durch verschiedene Faktoren bestimmt ist. Auf Grundlage der Philosophie des Konfuzius habe ich sieben Faktoren ausgemacht, die das Wesen des Führens bilden: Selbstdisziplin, Zielorientiertheit, Leistung, Verantwortlichkeit, Wissen, Leiterschaft und positives Beispiel. Diese sieben Faktoren bezeichne ich als die Erfolgsprinzipien. Die Erfolgsprinzipien bilden nicht nur die Grundstruktur oder den Rahmen für das Erlernen der alten Kunst des Führens, wie sie von Sun Tzu und Konfuzius definiert wurde, sondern sie haben im Verlauf der Geschichte, wie aus den Beispielen in Abschnitt III deutlich werden wird, kontinuierlich Leben und Taten erfolgreicher Führer geprägt.

Die Erfolgsprinzipien wurden in der Absicht entwickelt, als Maßstab oder Richtschnur für Führungsqualität zu dienen. Je näher ein Mensch diesen Prinzipien kommt, desto eher wird er für Führungsaufgaben geeignet sein. Wenn Sie die Erfolgsprinzipien an Ihrem Arbeitsplatz und in Ihrem Leben beachten, können Sie zu einer wirkungsvolleren Führerschaft und damit zu gesteigerter Führungskraft gelangen. Jede Organisation, die ihre Manager darin schult, wird sich einen entscheidenden Wettbewerbsvorteil verschaffen.

Die Erfolgsprinzipien lassen sich folgendermaßen beschreiben:

Selbstdisziplin bedeutet, daß ein Führer dazu neigt, nach Regeln oder Grundsätzen zu leben, die er als angemessen für sich und akzeptabel für seine Untergebenen betrachtet. Eine Führungspersönlichkeit bedarf keines von außen kommenden Antriebs, um Leistung zu erbringen.

Zielorientiertheit bedeutet, daß ein Führer fest entschlossen ist, seine Visionen und Ziele zu verwirklichen. Feste Entschlossenheit hebt Arbeitsmoral und Stimmung der Untergebenen. Dies ermöglicht dem Führer, sich sowohl persönliche als auch organisatorische Macht zunutze zu machen, um Ziele zu erreichen. Der Führer nutzt diese Macht, um die Bemühungen seiner Untergebenen zu lenken und zu kontrollieren.

Leistung bedeutet, daß ein Vorgesetzter Resultate mit den Bedürfnissen seiner Untergebenen in Einklang bringt. Erfolgreiche Resultate bilden die Grundlage des Führens. Wirksame Maßnahmen bilden die Grundlage erfolgreicher Resultate. Die Elemente wirkungsvoller Maßnahmen sind Entscheidung, Entschlossenheit, Energie, Einfachheit, Gleichgewicht und günstige Gelegenheit.

Verantwortlichkeit bedeutet, daß ein Führer die Aufgaben und Verpflichtungen akzeptiert, die sich aus seiner Vertrauens- und Machtposition ergeben. Die wichtigsten dieser Verpflichtungen sind klares Verstandesdenken, entschlossenes Handeln und bedingungslose Wahrung der Interessen seiner Untergebenen. Ein starker Führer übernimmt die Verantwortung seiner Entscheidungen und Maßnahmen und trägt deren Konsequenzen zusammen mit seinen Untergebenen.

Wissen ist das Fundament erfolgreichen Führens. Wissen hat drei Aspekte. Der erste, das fundamentale Wissen, beinhaltet das Studium der Naturwissenschaften, Geschichte und menschlichen Natur, mit anderen Worten, die Grundlagen der Kunst des Führens. Der zweite Aspekt, das strategische Wissen, betrifft das Verständnis der Bedürfnisse von Untergebenen ebenso wie von Konkurrenten und die Planung wirksamer Schritte zur Erreichung von Zielen. Der dritte Aspekt, das taktische Wissen, ist auf das Vermögen konzentriert, sich anbahnende Gefahren und Gelegenheiten zu erkennen und durch Innovation und Improvisation innerhalb des strategischen Rahmens rasch und angemessen auf sie zu reagieren.

Leiterschaft bedeutet, daß ein Führer das besondere Wesen des sozialen und moralischen Kontraktes zwischen Führern und ihren Untergebenen versteht. Der Führende ist hinsichtlich seiner

Macht und weitgehend auch hinsichtlich seiner Umsetzungsfähigkeit von den Geführten abhängig. Er muß sich ihnen gegenüber daher kooperativ verhalten, um gemeinsame Ziele zu erreichen. Doch gleichzeitig ist Führungsstärke einer der wichtigsten, vielleicht sogar der einzig unabdingbar notwendige Faktor für den Erfolg gemeinschaftlicher Unternehmungen. Einem Führer obliegt es daher, durch die angemessene Ausübung seiner Macht Ordnung und Disziplin soweit durchzusetzen, wie für das Erreichen der Ziele erforderlich ist. Zum Teil geschieht dies dadurch, daß er ein System von Belohnungen und Bestrafungen anwendet, das von seinen Untergebenen als fair und gerecht empfunden wird.

Ich habe das Wort „Leiterschaft" um des klaren, bildlichen Eindrucks willen geprägt. Stellen Sie sich einen Augenblick vor, daß Sie und Ihr Betrieb eine große Leiter besteigen müssen, um Ihre Ziele zu erreichen. Sie sind dafür verantwortlich, daß die Gruppe so schnell wie möglich klettert, doch Sie befinden sich alle zur selben Zeit auf der Leiter und müssen darauf bedacht sein, daß sie nicht umkippt. Wenn ein einzelner Erfolg hat, haben alle Erfolg; fällt ein einziger hinunter, fallen alle mit ihm. Leiterschaft beinhaltet die Organisation, Kommunikation und Kooperation, die bestehen muß, damit Ihr Team die Spitze der Leiter erreichen kann. Wenn Ihre Teammitglieder nicht wirkungsvoll zusammenarbeiten, das heißt, wenn sie nicht angemessen organisiert sind, wenn sie nicht untereinander und mit Ihnen kommunizieren und wenn sie nicht zur Kooperation miteinander und mit Ihnen bereit sind, werden sie scheitern. Nutzen die Mitglieder Ihres Teams dagegen eine entsprechende „Leiterschaft", kommen alle schnell die Leiter hinauf; mangelt es an einer solchen „Leiterschaft", geht es noch schneller hinunter.

Positives Beispiel bedeutet, daß das Handeln eines Führers zum Modell für das Handeln der Gruppe von Untergebenen wird. Außerdem bildet die charakterliche Haltung des Führers den moralischen Maßstab für seine Führung. Seine Standards werden zur Richtmarke der Gruppe. Leute, die er schätzt, werden zu seinen Bannerträgern. In jeder Situation wird der Führer beobachtet und als Beispiel genommen. Jederzeit demonstriert der

Führer durch sein eigenes Handeln wünschenswerte oder ideale Verhaltensweisen. Der Führer gibt ein Beispiel, ob er will oder nicht!

Betrachten wir nun genauer, warum die Erfolgsprinzipien Sun Tzus und des Konfuzius im heutigen Geschäftsleben ebenso wichtig sind, wenn es gilt, Schlachten zu gewinnen, wie sie es im alten China waren, wenn es galt, siegreiche Feldzüge zu führen.

Die beste Art, die Dinge zu erledigen

Die Machtausübung eines Führers zielt darauf ab, nützliche und erstrebenswerte Dinge zu bewirken, die den Geführten zum Vorteil gereichen. Seit etwa fünfundzwanzig Jahren beschäftige ich mich mit Führungskräften und Führungsmethoden, um herauszufinden, wie Gruppen und Organisationen die Dinge am besten erledigen können. Dabei hat sich herausgestellt, daß die „beste Art", die Dinge zu erledigen, in einer knappen, klaren Aussage zusammengefaßt werden kann: Mach die wesentlichen Dinge gut! Doch so klar und einfach, fast simpel, dies klingt, „die wesentlichen Dinge gut machen" ist in der Praxis äußerst schwierig und erfordert eine besondere Art von Manager – einen Manager, der gleichzeitig eine starke, durchschlagskräftige Führungspersönlichkeit ist.

Diese Philosophie – Mach die wesentlichen Dinge gut! – beinhaltet die drei fundamentalen Konzepte, die das Verhalten der später erörterten, erfolgreichen Führungspersönlichkeiten bestimmt haben. Für Sun Tzu und Konfuzius sind diese drei Prinzipien die wesentlichen Grundlagen guter Menschenführung. Sie lauten:

1. Ergreife die Initiative. (Bewege etwas, indem du handelst.)
2. Vermeide Kompliziertheit. (Richte dein Bemühen auf grundlegende, entscheidende Aufgaben, also auf die *wesentlichen* Dinge.)
3. Strebe nach Verbesserung. (Mach die wesentlichen Dinge *besser.*)

Weshalb lassen sich diese drei Ideen im Geschäftsleben so erfolgreich umsetzen? Das Geschäftsleben besteht, wie Kriegführung oder Politik, aus einer Kette von Situationen, Ereignissen, Gelegenheiten, Bedrohungen und Krisen. Geschäftlicher Erfolg besteht in der permanenten, profitablen Durchführung derselben grundlegenden Aktivitäten. „Die wesentlichen Dinge gut machen" bedeutet daher, grundsätzlich betrachtet, daß Geschäftsabläufe rentabler werden. Es ist zweifellos nützlich, vielleicht sogar erforderlich, Zielsetzungen der Unternehmenspolitik zu formulieren und eine detaillierte, langfristige Strategieplanung durchzuführen. Doch ohne eine auf Dauer ertragbringende Durchführung der wichtigen täglichen Operationen haben Aussagen zur Unternehmenspolitik oder auch Strategiepläne kaum Aussicht auf Erfolg. (Die Betreuungsmethode des Trainers Vince Lombardi basierte ebenfalls darauf, „die wesentlichen Dinge gut zu machen". Er sagte dazu: „Unser Team beherrscht lediglich ein paar einfache Spielzüge, die wir immer wieder üben, bis wir sie perfekt durchführen. Die anderen Teams wissen genau, was wir tun werden. Aber wir beherrschen diese Spielzüge so gut, daß unsere Gegner uns nicht aufhalten können.")

Jeder Erfolg im Geschäftsleben kann auf die ertragbringende Durchführung der wesentlichen Aufgaben reduziert werden. Dies mag selbstverständlich klingen. Es bleibt jedoch die Tatsache bestehen, daß die wesentlichen Aufgaben so durchgeführt werden müssen, daß sie einen Ertrag erwirtschaften, der die auftretenden Kosten überschreitet. Allzuoft geht dieser fundamentale Zweck der Geschäftstätigkeit im Wirrwarr der unterschiedlichen Funktionen und Verfahren komplexer Geschäftsprozesse verloren. Beim Basketball ist die Zielsetzung nicht, auf dem Feld auf- und abzulaufen. Ziel des Spiels ist der Punktegewinn. Laut Sun Tzu besteht das Ziel des Krieges nicht darin, Leben und Eigentum zu zerstören, sondern vielmehr darin, so schmerzlos wie möglich zu siegen. Ebenso geht es bei geschäftlichen Operationen nicht darum, Pläne zu entwickeln und Geld auszugeben, sondern darum, eine Rendite zu erwirtschaften. Profite hängen weniger von der Erledigung einer Arbeit ab als von der Vollendung einer Aufgabe. Diese elementare Erkenntnis gerät in vielen Betrieben zu leicht in Vergessenheit.

Die These, daß die Dinge besser laufen, wenn wir „die wesentlichen Dinge gut machen", läßt sich auch wissenschaftlich untermauern. Zur Erklärung werden wir drei miteinander verknüpfte Konzepte erörtern. Zunächst ein Konzept von W. Edwards Deming, einem der Gründer der Total-Quality-Management-Bewegung (TQM). Einige seiner besten Ideen betreffen die Beziehung zwischen komplexen Prozessen und der Verfahrensoptimierung, mit anderen Worten, jene Zusammenhänge, die den Verlauf schwieriger, komplexer Operationen auf bestmögliche Weise gewährleisten. Nach Deming ist es unmöglich, alles über einen komplexen Prozeß zu wissen. (Mit komplexen Prozessen meint er nicht nur die Vorgänge innerhalb eines nationalen Wirtschaftsraums oder in einem größeren Unternehmen, sondern auch die Interaktion in einer Gruppe von Menschen, die mehr als nur eine Handvoll Mitglieder zählt.) Außerdem, so Deming, stehen uns nie sämtliche für die Optimierung eines komplexen Prozesses wirklich erforderlichen Kenntnisse zur Verfügung. Wir können uns der Optimierung daher nur Stück für Stück annähern, während wir uns mehr Verständnis aneignen. Doch wir werden dies niemals in einem großen Sprung erreichen.

Deming schließt daraus, daß wir kontinuierliche Verbesserung anstreben sollten. Das Streben nach absoluter Optimierung wäre jedoch unrealistisch. Nehmen wir zu große Schritt, so verlieren wir unsere Fähigkeit, das Ergebnis vorauszusehen und zu kontrollieren. In der Folge sind wir nicht mehr in der Lage, die Wirkung unserer Verbesserungsmaßnahmen einzuschätzen oder zu verstehen. Wir verlieren die Kontrolle. Die Ergebnisse unseres Handelns werden immer zufälliger, und wir können den Zusammenhang zwischen Ursache und Wirkung nicht mehr genau überblicken. Das geschieht deshalb, weil größere Veränderungen in ohnehin komplexen Prozessen noch größere Komplexität erzeugen. Mehr Komplexität mindert jedoch wiederum unsere Fähigkeit zu verstehen, was eigentlich vor sich geht.

„Die wesentlichen Dinge gut machen" verringert dagegen die

Komplexität und erhöht unsere Fähigkeit, die Ereignisse zu kontrollieren und zu verstehen. Kontrolle und Verstehen der Ereignisse, besonders jener, die für unseren Erfolg entscheidend sind, ermöglichen uns wirkungsvolleres Führen. Ich bin überzeugt, daß Dr. Deming, Sun Tzu und Konfuzius in vieler Hinsicht miteinander übereingestimmt hätten. Dies erklärt möglicherweise, weshalb Deming beim Wiederaufbau der japanischen Industrie nach dem Zweiten Weltkrieg so erfolgreich mitgewirkt hat.

Das zweite der drei Konzepte behandelt Prozeßverbesserung von einer anderen Perspektive aus. Die Frage, die weiter oben gestellt wurde, lautet: Wenn wir nicht vollständig erfassen können, wie ein komplexer Prozeß funktioniert, wie können wir ihn dann verbessern? Eine Möglichkeit, sich der Verbesserung komplexer Prozesse anzunähern, besteht darin, unser Handeln darauf zu beschränken, die Teile des Prozesses zu verstehen und zu kontrollieren, die den größten Einfluß auf die wesentlichen Ergebnisse des Prozesses haben. Hier läßt sich das Pareto-Gesetz oder 80/20-Prinzip anwenden, das besagt, etwa 20 Prozent des Prozeßinputs verursachen oder beeinflussen etwa 80 Prozent des Resultats. Unter anderem wird dieses Prinzip in Total-Quality-Management-Programmen verwendet, um Grundursachenanalysen durchzuführen. Die Anwendung des 80/20-Prinzips ermöglicht die Verbesserung komplexer Prozesse, indem die Aufmerksamkeit auf die 20 Prozent des Prozesses gerichtet wird, die den stärksten Einfluß auf die Ergebnisse haben, die wir verbessern wollen, etwa Rentabilität oder Fehlerquote. Die wesentlichen Dinge gut zu machen, ermöglicht uns eine schnelle Konzentration auf Aktivitäten, die von Verbesserungen profitieren könnten. Und eine solche schnelle, konstante Konzentration auf die entscheidenden betrieblichen Elemente ist für die Prozeßverbesserung notwendig. Aber die Aufrechterhaltung einer permanenten Konzentration erfordert starke Führerschaft.

Das dritte Konzept behandelt Wahrscheinlichkeiten und Realität. Wir leben in einer „Ursache und Wirkung"-Gesellschaft. Es wird uns beigebracht, jedes Ereignis, jedes Ergebnis, jedes Resultat habe eine ganz bestimmte, erklärliche Ursache und/oder als

Verursacher einen bestimmten, identifizierbaren Helden oder Missetäter. Läuft die Sache gut, wird jemand oder etwas, unter Umständen jeder, es sich als Verdienst zuschreiben. Wenn etwas danebengeht, muß jemand oder etwas die Schuld dafür bekommen. Diese äußerst deterministische Sicht der Realität wirkt funktionsstörend, wenn sie auf komplexe Prozesse angewendet wird, die sich ständig in einer unendlichen Zahl verschiedener Möglichkeiten weiterentwickeln. Bei komplexen Prozessen weiß niemand mit Sicherheit, warum etwas geschieht, und was als nächstes passieren wird. Laut Deming hat niemand je absolute Gewißheit. Angesichts der Unsicherheiten, die in der Realität vorhanden sind, liegt die beste Lösung darin, möglichen Ergebnissen einen Grad an Wahrscheinlichkeit zuzuordnen. Oder, umgekehrt, bei einem eindeutigen Ergebnis, einem Einbruch am Aktienmarkt etwa oder einem Eisenbahnunglück, können wir hinsichtlich der möglichen Ursachen lediglich Wahrscheinlichkeiten angeben. Durch die Zuordnung von Wahrscheinlichkeiten statt der Zuweisung von Schuld können Fehler im richtigen Verhältnis betrachtet werden, und Menschen werden ermutigt, kalkulierte Risiken einzugehen. Das gelegentliche Auftreten von Fehlern darf nicht überraschen. Werden genug Versuche unternommen, sind Fehler sogar unvermeidlich. (Glücklicherweise gilt dasselbe für den Erfolg!) Durch die Wahrscheinlichkeitsannahmen kann etwas gegen das Auftreten von Fehlern unternommen werden. Hat ein kontrollierbarer oder eindeutig auszumachender Faktor den Fehler ausgelöst, können wir daraus lernen. Ist keine Ursache erkennbar, dann ist der Fehler aus uns unverständlichen Gründen geschehen. Niemand bekommt die Schuld ohne einigermaßen nachvollziehbaren Zusammenhang zwischen Ursache und Wirkung.

Die wichtigste Zielsetzung des Führens ist also, die wesentlichen Dinge gut machen. Gelingt uns dies, so gehen wir realistisch mit den drei oben dargestellten Konzepten um. Die wesentlichen Dinge gut machen, verringert erstens die Komplexität unseres Handelns, so daß wir die Konsequenzen unserer Handlungen leichter überblicken können. Da, zweitens, die wesentlichen Dinge in ihrer Anzahl beschränkt sind, lassen sie sich auch leicht ihrer Wichtigkeit nach ordnen. Wir können daher unser Handeln besser organisieren. Drittens können die Wahrscheinlichkeiten, die mit den wesentlichen Dingen zusammenhängen, genauer eingeschätzt werden. Ob am Ende ein Fehlschlag oder ein Erfolg herauskommt, eine Analyse der wichtigsten Elemente kann nachträglich weitere Informationen für eine Verbesserung der Prozesse und den Zusammenhang der verschiedenen Faktoren ergeben. Warren Bennis hat diesen Gedanken treffend ausgedrückt: „Die Aufgabe von Führungskräften besteht nicht unbedingt darin, die Dinge richtig zu machen. Aufgabe von Führungskräften ist, die richtigen Dinge zu tun!" Die Anwendung der Erfolgsprinzipien gibt Führungskräften ein klares, straffes Modell an die Hand, um der Herausforderung zu begegnen, die wesentlichen Dinge gut zu machen!

Führen unter schwierigen Bedingungen

In den vergangenen Jahren ist Theorien und Systemen für effektivere Betriebsführung sehr viel Aufmerksamkeit geschenkt worden. Wir brauchen keine weiteren Theorien für allgemeines Management, statt dessen benötigen wir ein Verständnis dessen, was unter schwierigen Bedingungen, das heißt Bedingungen des Wandels, Konflikts, Chaos und der Unsicherheit, von einem Manager gefordert wird. Management unter schwierigen Bedingungen bedarf außer hochentwickelten technischen Fertigkeiten auch einer enormen moralischen und philosophischen Charakterstärke. In der Ausbildung der meisten Manager fehlt dieser Schwerpunkt bis jetzt. In der herkömmlichen Managementausbildung wird analytisches Denken vermittelt. Bisher wurde uns beigebracht, daß Planung die meisten Probleme löst und daß die Dinge so eintreffen, wie sie geplant wurden. Daher begeistern sich Manager für systematische, organisierte Managementparadigmen wie Total Quality Management und Unternehmens-Reengineering. Diese können wir sehen, wir können sie fühlen, wir können sie verstehen, wir können viel Zeit und Geld auf sie verwenden. Leider scheinen wir gelegentlich nicht in der Lage zu sein, sie unseren Erwartungen entsprechend einzusetzen.

Warum funktionieren diese sorgfältig ausgearbeiteten Systeme nicht? Erstens sind sie zu kompliziert in der Anwendung. Sie sind nicht auf eine bessere Erfüllung der wesentlichen und absolut notwendigen Aufgaben ausgerichtet. Zweitens vernachlässigen sie die Bedeutung des menschlichen Faktors (obwohl immer sehr viel über den menschlichen Faktor diskutiert wird). In einigen Fällen wird die Rolle der Führungskraft unterschätzt, in anderen Fällen wiederum wird eigentliche Führung durch Planung oder ein System ersetzt. Dazu meinte General George Patten einmal: „Schlachten gewinnt man durch hervorragende Umsetzung, nicht durch gute Planung. Eine hervorragende Umsetzung kann einen mittelmäßigen Plan retten, aber eine schlechte Umsetzung ruiniert jeden hervorragenden Plan."

Dem Problem einer raschen Verbesserung von Produkten und Dienstleistungen läßt sich begegnen, indem man Management- und Führungsstärke verquickt. Jeder wird zugeben, daß sich Organisationen im Zuge eines Wandels der Wettbewerbsbedingungen weiterentwickeln müssen. Doch ein geplanter Entwicklungsprozeß ist deshalb so außerordentlich schwer zu managen, weil sich die Menschen so beharrlich dagegen zu sträuben scheinen. Widerstand gegen Weiterentwicklung entsteht, weil Entwicklung Änderung bedeutet, und Änderung ist beängstigend. Angst vor Änderung ist überlebenswichtig für den einzelnen, weil Änderungen auf individueller Ebene Schaden verursachen können. Für das Überleben einer Gruppe ist ein evolutionärer Änderungsprozeß jedoch oft notwendig. Gelegentlich kann sogar radikaler Wandel erforderlich sein.

In der Natur ist dies offensichtlich. Bestimmte Pflanzen- und Tierarten sind aufgrund günstiger Umweltbedingungen entstanden. Unter diesen Bedingungen gedeihen sie eine Zeitlang, um dann in der Regel auszusterben, sobald sich die Bedingungen ändern. Tierarten, die langfristig überleben konnten, wie Haie, Kakerlaken und Krokodile, waren in der Lage, sich an die veränderten Umweltbedingungen anzupassen. Was in der Natur zufällig geschieht, muß in einem Unternehmen durch die Führung bewußt realisiert werden, egal wie verängstigt die einzelnen Mitglieder des Betriebs sein mögen.

Mein Lieblingsbeispiel für Überleben durch Anpassung ist die oft als niedriger Organismus eingestufte Ameise. Ameisen existieren in fast unveränderter Form seit etwa 250 Millionen Jahren. Warum? Erstens machen sie die wesentlichen Dinge gut. Sie leben in einem unkomplizierten Sozialwesen, das auf einheitliche Führung und hochspezialisiertem und motiviertem Personal beruht. All dies beruht natürlich auf genetischer Programmierung. Außerdem besitzen sie eine wirksame Strategie, um ihren physischen Bedürfnissen zu entsprechen, die auf der unablässigen, kostensparenden Suche nach profitablen Gelegenheiten basiert. Und schließlich sind sie Meister in Kommunikation und Umsetzung. Ameisen passen sich an die Änderungen ihrer Umwelt an, indem sie innerhalb ihres aktuellen Umfelds ständig neue Strategien erforschen und erproben. Erstaunlicherweise haben Wissenschaftler herausgefunden, daß zur Zeit Tausende von verschiedenen Ameisenarten existieren. Es wird davon ausgegangen, daß es mindestens fünfmal so viele Arten gibt, die bisher noch nicht identifiziert wurden. Jede Organisation kann dasselbe tun, indem sie dieselben Techniken anwendet: d. h. sie kann viele kostengünstige Experimente durchführen, die Ausbildungsprogramme verbessern, die Mitarbeiter stärker motivieren, die Kommunikation vereinfachen und die Umsetzung beschleunigen. All diese Einzelheiten sind laut Sun Tzu und Konfuzius (und, kaum überraschend, auch laut Tom Peters) die wirklich wichtigen Funktionen erfolgreichen Führens unter schwierigen Bedingungen.

Selbst wenn sich jedoch alle darüber einig waren, daß die Änderungen erforderlich sind, kommt es zu Widerständen, weil nicht jeder mit dem Umfang und der Richtung der Änderung einverstanden ist. Hier hilft Probabilismus anstelle von deterministischem Denken weiter. Welche Resultate bei der Änderung eines komplexen Prozesses entstehen, kann unmöglich vollständig vorhergesagt werden. Es läßt sich nur die Wahrscheinlichkeit bestimmen, mit der etwas eintreten könnte. Außerdem haben wir bessere Chancen, nützliche Informationen zu erhalten und insgesamt erfolgreich zu sein, wenn wir den Schwerpunkt auf Führungsmethoden legen und eine Reihe von einfachen Strategien anwenden, die darauf ausgelegt sind, rasch Informationen darüber zu beschaffen, was funktioniert und was nicht. Weniger günstig ist es, nur auf eine einzige Methode zu setzen, besonders eine, die unter Umständen erst nach langer Zeit funktionieren wird, wie TQM oder Reengineering.

Es gibt eine Unmenge von Lösungsansätzen für die Implementierung der erforderlichen Änderungen. Fachmedien und Managementexperten formulieren ständig neue, nützliche Methoden. Doch, wie bereits erörtert, funktionieren sie nicht immer so gut, wie sie könnten. Viele gutgemeinte Maßnahmen werden ergriffen. Zeit und Mühe, ganz abgesehen von Geld, werden aufgewendet. Mitarbeiter werden geschult, umorganisiert und ermahnt, doch Verbesserungen, die diesen Aufwand an Zeit und Mühe rechtfertigen würden, bleiben oft aus. Bestimmte Programme des Total Quality Management (TQM) lassen sich als Beispiel für dieses Phänomen anführen, und ebenso Reengineering in Unternehmen.

Reengineering von Betrieben wurde 1993 zu einem heißen Thema, als Michael Hammer und James Champy ihr Buch „Business Reengineering" veröffentlichten. Nachdem die Autoren in 13 Kapiteln die Vorzüge ihrer Idee erläutert hatten, begannen sie das vierzehnte Kapitel mit dem folgenden Absatz:

> „Leider müssen wir vermelden, daß trotz der in den vorausgehenden Kapiteln beschriebenen Erfolgsgeschichten viele Unternehmen, die Reengineering in Angriff nehmen, keinerlei Erfolg haben. Ihre Bemühungen enden genau dort, wo sie begannen. Es ergeben sich keine erkennbaren Veränderungen, es wurde keine deutliche Leistungssteigerung erreicht, und das Scheitern eines weiteren betrieblichen Verbesserungsprogramms steigert den Zynismus der Mitarbeiter. Unsere nicht wissenschaftlich belegte Schätzung ergab, daß zwischen 50 und 70 Prozent der Unternehmen, die sich an Reengineering versuchen, nicht die beabsichtigten, dramatischen Änderungen herbeiführen können."

Hammer und Champy erklären diese kostspieligen Fehlschläge folgendermaßen:

> „Die meisten Fehlschläge beim Reengineering werden durch Versagen der Unternehmensführung verursacht. Ohne starke, aggressive, entschlossene und kenntnisreiche Führung wird es nicht gelingen, die vom Reengineering betroffenen Menschen davon zu überzeugen, daß es keine Alternative dazu gibt, und daß das zu erwartende Resultat den schmerzhaften Prozeß lohnt."

Ein anderes Autorenpaar erklärte das Scheitern des Reengineering damit, daß das Management der Firmen in den vergangenen Jahrzehnten nicht in der Lage war, hochklassige Managementfähigkeiten mit jener Führungsqualität zu verbinden, die erforderlich ist, um einen betrieblichen Wandel erfolgreich zu gestalten. In dem Buch „Successful Reengineering" von Daniel P. Petrozzo und John C. Stepper finden sich folgende Beobachtungen:

> „Nur wenige leitende Angestellte haben ihre Position innerhalb der Firmen durch Fachkompetenz und den unnachgiebigen, kompromißlosen Willen, die Dinge richtig zu machen, erreicht. In vielen Fällen gelang ihnen der Aufstieg in der Unternehmenshierarchie durch Konsensbildung, Beziehungen und ihre Fähigkeit, jedes Projekt als einen Erfolg darstellen zu können. Der Leiter eines Reengineering-Teams muß die Qualitäten besitzen, die man von jedem leitenden Mitarbeiter erwarten sollte."

Petrozzo und Stepper sind der Meinung, daß Führungskräfte in Firmen ihre Stellung dadurch erreichen, daß sie einen Konsens herstellen (sie arbeiten gut im Team und wissen, Situationen zu manipulieren), sie bauen Beziehungen auf (sie sind kommunikationsgewandt und haben ausgezeichnete soziale Fähigkeiten), und sie können sich jederzeit als erfolgreich darstellen (sie haben das entsprechende Image und verfügen über wirksame Public Relations). Diese Eigenschaften sind natürlich für jede Führungskraft, egal auf welcher Firmenebene, wünschenswert.

Was läuft also schief? Das Problem scheint darin zu liegen, daß für eine erfolgreiche Gestaltung von Veränderungsprozessen neben den hochentwickelten Managementfähigkeiten noch ein weiteres Element erforderlich ist. (Tom Peters hat dies in einem Zeitschriftenbeitrag unverblümt auf den Punkt gebracht: „Es geht um Führungsqualität, Dummkopf!" Eine mittelmäßige Organisation mit guter Führung, so erklärt er, arbeite in der Regel gut, eine überlegene Organisation mit schwacher Führung dagegen nicht.) Konsensbildung, die Pflege von Beziehungen und die Manipulation des eigenen Image sind entscheidende politische Fähigkeiten. Betrachtet man jedoch Erfolg und Scheitern umfangreicher Veränderungsvorhaben, stellt sich heraus, daß politische Fähigkeiten nicht ausreichen. Das soll nicht heißen, politische Fertigkeiten seien grundsätzlich in Geschäftssituationen unangemessen und überflüssig. Doch in Situationen, die zu instabilen oder nicht vorhersehbaren Bedingungen führen, beispielsweise der Durchführung von Reengineering- oder TQM-Projekten, müssen die politischen Fähigkeiten durch einen weiteren Faktor ergänzt werden: das Vermögen, Managementfähigkeiten in Verbindung mit Führungsqualität anzuwenden.

Petrozzo und Stepper deuten an, daß viele Organisationen nicht in der Lage sind, Führungskräfte zu entwickeln, die mit kritischen Situationen umgehen können. Leute, die im alltäglichen Management gut sind, sind im Krisenmanagement unter Umständen schwächer, wenn sie nicht wissen, wie Führungsstärke anzuwenden ist. Ein Betrieb aber, der von Veränderungen und Weiterentwicklung profitieren will, muß über Führungspotential verfügen, das beide Fähigkeiten in sich vereint. Gibt es das überhaupt? Dynamisches, aggressives Problemlösungsverhalten zusammen mit hochentwickelter Führungsqualität? Wie soll es möglich sein, daß energische Machertypen mit Feingefühl und Geschick im zwischenmenschlichen Bereich vorgehen? Es ist möglich, indem die Erfolgsprinzipien des Führens von Sun Tzu und Konfuzius angewandt werden.

Arbeitsebenen, Struktur und Verantwortungsbereiche

Wir wollen diese Diskussion ausweiten und verschiedene Arbeitsebenen innerhalb einer Organisation darstellen, um einen Kontext für die Erörterung von Struktur und Verantwortungsbereichen zu entwickeln.

Stellen wir uns vor, die verschiedenen Aufgaben bei der Menschenführung und Firmenleitung seien entlang einer senkrechten Linie geordnet. Am unteren Ende befinden sich Aufgaben hauptsächlich der *Verwaltung*. Diese Aufgaben erfordern die Anwendung recht unflexibler Methoden in ständig wiederkehrenden Situationen. *Verwalter* haben weder die Befugnis, Entscheidungen zu treffen, noch sind sie in der Lage, einen Wandel herbeizuführen. Sie haben gelernt, Anweisungen und Vorschriften zu beachten. Findet sich ein Verwalter in einer Situation, die eine Entscheidung außerhalb der vorgegebenen Richtlinien erfordert, muß er jemanden über sich bitten, diese Entscheidung für ihn zu treffen.

Im mittleren Bereich der Linie befinden sich die Aufgaben, bei denen es um *Beaufsichtigung* geht. Hierbei werden in begrenztem Umfang Entscheidungen darüber getroffen, wie vorgegebene Arbeitsschritte unter Verwendung zugeteilter Ressourcen durchgeführt werden. In der Regel müssen auch die Inhaber einer Aufsichtsfunktion gewisse Vorgaben beachten. Sie verlassen sich ebenfalls weitgehend auf Richtlinien und haben nicht die erforderliche Befugnis, um einen Wandel herbeizuführen. Sie können Verwaltern oder ihnen unmittelbar unterstellten Aufsichtspersonen bei der Auslegung von strategischen Zielsetzungen oder Präzedenzfällen helfen, jedoch lediglich innerhalb des engen Rahmens der ihnen zugeteilten Aktivitäten und Budgets.

Am oberen Ende der Linie befinden sich die *Befehlsfunktionen*. Diesen Funktionen obliegt sowohl die Ausrichtung von Maßnahmen auf ein bestimmtes Ziel wie auch die Zuteilung von Ressourcen an bedeutende Teile der Organisation. Nur Befehlshaber haben die Befugnis, organisatorischen Wandel einzuleiten, denn Wandel bedeutet im Endeffekt eine Neuverteilung der organisatorischen Schwerpunkte und Ressourcen. Befehlshaber dürfen sich nicht auf Richtlinien verlassen, weil es solche für rasch sich wandelnde Situationen nicht gibt, es sei denn in einem ganz allgemeinen Sinne. Bei den Befehlsaufgaben geht es um die Festlegung angemessener Ziele, die Zuteilung von Ressourcen und schließlich das Erreichen dieser Ziele. Leute, die Befehlsgewalt ausüben, benötigen Weitblick und Energie, Vorstellungskraft und Ausdauer, um erfolgreich zu sein. Kurzum, sie brauchen Führungsqualitäten. Da das Überleben einer Organisation letztlich von den Entscheidungen und dem Charakter derjenigen abhängt, die die Befehlsgewalt innehaben, bezeichnet Sun Tzu starke Führungskräfte als wichtigste Ressource einer Organisation.

Führungskräfte können ein seltenes Gut sein, da es, wie bereits erwähnt, oft an klaren, anwendbaren Konzepten für die Entwicklung und Ausübung von Führungsqualität bei Managern und Verwaltern fehlt. Das hat zur Folge, daß sich in einer Organisation erst dann fähige Führungskräfte entwickeln, wenn eine Krise auftritt und es schon fast zu spät ist. Zur Illustration dieses Phänomens sei an General George C. Marshall erinnert, der zu Beginn des Zweiten Weltkriegs praktisch die gesamte Kommandoebene der US-Streitkräfte auswechseln mußte. Die Fähigkeiten und fachlichen Kompetenzen von Führungskräften müssen entwickelt werden, bevor bedrohliche Situationen auftreten. Es hat jedoch den Anschein, daß es an Führerschaft sowohl qualitativ als auch quantitativ mangelte, wenn sie benötigt wurde. Außerdem ist leicht nachvollziehbar, warum es ohne ein einfaches, verständliches Konzept für die Entwicklung von Führerschaft so häufig zu einem Mangel an starkem Führungspersonal kommt. Alle Führungskräfte, denen die Leitung von betrieblichen Umgestaltungsprojekten übertragen wird, müssen für Befehls- und Führungsaufgaben geschult werden, wenn die Projekte Aussicht auf Erfolg haben sollen. Projekte, die auf einen betrieblichen Wandel abzielen, sind vielschichtig und können nicht reibungslos durchgeführt werden. Für unausgebildete Verwaltungs-, Aufsichts- und Managementmitarbeiter ist ihre Durchführung daher schwierig und frustrierend. Deming behauptet, es sei unmöglich, sämtliches erforderliches Wissen über einen komplexen Prozeß zu erhalten, und die meisten der wirklich wichtigen Informationen seien wahrscheinlich überhaupt nicht zugänglich. Dies führt zu der Schlußfolgerung, daß Projekte für betrieblichen Wandel, egal wieviel Zeit im voraus für ihre Planung aufgewendet wurde, letztlich ein Eigenleben entwickeln. Fast vollständig hängt ihr Erfolg davon ab, ob der Projektleiter in der Lage ist, Pläne, Methoden, Timing und sogar die Ziele an die Erfahrung anzupassen, die während der Implementierungsversuche der ursprünglichen Strategie gewonnen wurde. Solche Anpassungsarbeit ist nur jemandem möglich, der darin geschult ist, Führungsaufgaben unter chaotischen, uneindeutigen Bedingungen zu übernehmen. Graf Hellmuth von Moltke, Generalstabschef der preußischen Armee Mitte des 19. Jahrhunderts und Entwickler der grundlegenden deutschen Kriegsstrategie, die noch in den beiden Weltkriegen Anwendung fand, hat einmal gesagt: „Die Sicherheit jedes Einsatzplans endet beim ersten Kontakt mit dem Gegner. Nur der Laie glaubt, ein Feldzug werde gemäß eines im voraus geplanten, äußerst detaillierten Konzepts bis zum Abschluß durchgeführt."

Eine wirkliche Führungspersönlichkeit versammelt Menschen im Angesicht einer schwierigen Situation, schweißt sie zu festen Einheiten zusammen, entwickelt Strategien für die Überwindung der Bedrohungen und führt die Strategien erfolgreich aus. Eine starke Führungspersönlichkeit ist weder aggressiv noch beleidigend, weder herrisch noch unbändig. Ihre hervorstechende Eigenschaft ist die Fähigkeit, eine Aufgabe zu erfüllen, ohne Menschen weder auf ihrer noch auf der anderen Seite zu opfern. Dies entspricht Sun Tzus Bemerkung, daß der beste General die Schlacht gewinnt, ohne zu kämpfen. Organisationen, die systematisch Leute mit solchen Führungsqualitäten auswählen, schulen und heranziehen, erringen einen entscheidenden Vorteil.

Die Umgestaltung einer Organisation ist risikoreich und problematisch. Das zeigt sich schon an der Zahl von gescheiterten TQM- und Reengineering-Projekten. Möglicherweise haben diese Projekte keinen Erfolg, weil der wichtigste Faktor, nämlich die Menschen, die für den Erfolg notwendig sind, sich zu dem Zeitpunkt, an dem sie gebraucht werden, nicht in führenden Funktionen sind. Wenn wir wirklich die Ursachen dafür suchen, was einer erfolgreichen Verjüngung von Organisationen im Wege steht, sind wir allzuschnell bereit, auf strukturierte und schlüssige Schemata oder Erfolgsmethoden wie TQM oder Reengineering zu vertrauen. Tatsächlich können diese Programme einen wesentlichen Beitrag dazu leisten, wenn die richtigen Leute, die richtigen Führungskräfte, vorhanden sind. Doch in vielen Fällen scheitern sie, nicht weil es an Anstrengung, Investitionen oder Talent fehlte, sondern wegen mangelnder Schulung und Erfahrung in Führerschaft.

Der Erfolg von Organisationen hängt nicht von Systemen ab, sondern von Menschen. Organisationen sind erfolgreich, wenn zum richtigen Zeitpunkt Menschen mit den erforderlichen Fertigkeiten und Eigenschaften kritische Führungspositionen innehaben. In der Geschichte hat sich dies immer wieder bewahrheitet. Nationen steigen auf oder gehen unter, je nach Qualität, Kompetenz und Charakter ihrer Führer. Genauso ergeht es Organisationen. Es ist weit günstiger und weniger gefährlich, Leute mit den entsprechenden Führungsqualitäten auszubilden oder sich diese Fertigkeiten selbst anzueignen, als sich den Plagen eines TQM- oder Reengineering-Projekts zu unterziehen, das auch noch mit großer Wahrscheinlichkeit scheitern wird, weil es den an sich fähigen Managern an diesen Führungsqualitäten fehlt. Die Entwicklung eines Führungspotentials durch die entsprechende Schulung und eine adäquate Philosophie schafft einen Wert, der die anfänglichen Investitionen weit überschreitet. Die Entwicklung der Fertigkeiten, die für die Unternehmensleitung unter den chaotischen und belastenden Bedingungen des gegenwärtigen globalen Marktes erforderlich sind, ohne dabei die Organisationsgemeinschaft zu zerstören, ist darüber hinaus der Schlüssel zum Erfolg im Wettbewerb. Dies ist die einzige Möglichkeit, zukünftige Prosperität zu garantieren, sei es auf persönlichem, organisatorischem oder globalem Niveau. Die Erfolgsprinzipien sind ein geeignetes Modell für überlegene Führungskräfte.

Abschnitt II

Die Erfolgs-
prinzipien

II
Selbstdiszplin

Selbstdisziplin: Ein Führer lebt nach Regeln oder Grundsätzen, die er als angemessen für sich und als akzeptabel für seine Untergebenen betrachtet. Er muß nicht durch einen äußeren Anstoß motiviert werden, um Leistung zu erbringen.

II-1
Selbstdisziplin ist das Hauptelement von Selbstkontrolle und die Grundlage der Selbstachtung. Mangelt es einem Manager an Selbstdisziplin, Selbstkontrolle oder Selbstachtung, mag er zwar die Verantwortung tragen, aber er wird letztlich nicht die Führung übernehmen.

II-2
Ein Manager erreicht die Qualifikationen, die wahre Führerschaft erfordert, in drei Schritten. Jeder dieser Schritte erfordert Selbstdisziplin.

II-3
Der erste Schritt ist Selbstbestimmung. Jeder herausragende Führer unterzieht sich einem Prozeß der Selbstbestimmung. Im Laufe dieses Prozesses bestimmt er, welche Art von Gruppe er führen will und welche Regeln und Verhaltensweisen diese Gruppe verlangt.

II-4
Der zweite Schritt ist Entschlußkraft. Eine Führungskraft muß sich entschließen, die erforderlichen Regeln und Verhaltensweisen zu akzeptieren, ungeachtet dessen, was andere davon halten, und, noch wichtiger, ungeachtet der Konsequenzen.

II-5
Der dritte Schritt ist Handlungsbereitschaft. Eine Führungskraft handelt in Übereinstimmung mit den erforderlichen Regeln und Verhaltensweisen. Hat ein Führer diese drei Schritte erfolgreich hinter sich gebracht, kann er seine Aufgabe selbstbewußt erfüllen und sich der Unterstützung der Gruppe, der er vorstehen will, sicher sein. Ein Manager darf sich jedoch nichts vormachen. Um erfolgreich führen zu können, müssen den Worten Taten folgen. Ein Manager kann seine Vorgesetzten eine Zeitlang zum Narren halten, doch seinen Untergebenen kann er nichts vormachen.

II-6
Bedenken Sie diese drei Schritte genau. Wird Ihnen klar, wie es disziplinierten Dieben, Schurken oder noch übleren Zeitgenossen gelingt, zu mächtigen Führern zu werden? Wer diese drei Schritte befolgt, kann und wird zu einem Führer werden. Er kann und wird Macht ausüben. Doch in einer führenden Position Macht auszuüben, ohne die entsprechende Moral mitzubringen, ist gefährlich.

II-7
Führer kontrollieren und lenken ihre Untergebenen nicht nur, sie verkörpern darüber hinaus die wesentlichen Eigenschaften der Gruppe. Wer Führungsaufgaben übernehmen will, muß seine Untergebenen mit all ihren Eigenschaften, guten wie schlechten, bejahen, denn sonst wird die Gruppe ihn nicht annehmen. Wählen Sie Ihre Untergebenen sorgfältig aus, denn Sie werden eins mit ihnen werden.

II-8
Auf persönlichster Ebene bedeutet Selbstdisziplin, daß eine Person sich über sich selbst nicht täuscht. Achten Sie jederzeit darauf, was Sie denken oder tun, aber seien Sie besonders aufmerksam, wenn Sie sich allein wähnen. Üben Sie Zurückhaltung in Ihrem Privatleben. Denken Sie daran, die Meinung, die ein Mensch von sich selbst hat, zeigt sich irgendwann in seinem Gesicht und spiegelt sich in seinem Verhalten wider. Ein wahrer Führer übt sich sogar dann in Selbstdisziplin, indem er seine

Gedanken und Handlungen kontrolliert, wenn niemand anderer zugegen ist.

II-9
Selbsttäuschung ist besonders heimtückisch, weil sie Selbstachtung zerstört, eine der Grundvoraussetzungen, um das Vertrauen der Untergebenen zu gewinnen. Und das Vertrauen der Untergebenen ist das wahre Fundament der Macht.

II-10
Die Welt ist voll von Problemen und schweren Prüfungen. Sie werden voraussichtlich niemandem begegnen, der frei von Fehlern ist, noch werden Sie selbst ohne Fehler sein. Dennoch können Sie danach trachten, dank Ihrer Selbstdisziplin Ihren Prinzipien treu zu bleiben.

II-11
Um dies zu erreichen, stellen Sie sich vor, daß Sie stets von Ihren Prinzipien wie von treuen Dienern umgeben sind. Lassen Sie sich auf diese Weise von Ihren Prinzipien begleiten, und diese werden Sie nie im Stich lassen.

II-12
Einfache Speisen essen; kühles, frisches Wasser trinken; im Sonnenschein ruhen – diese einfachen Dinge geben einem Menschen Entspannung und Bequemlichkeit, wenn er es wünscht. Reichtum und Rang dagegen sind wenig wert, wenn sie um den Preis der Selbstachtung erworben werden.

II-13
Ein Mensch ohne Selbstachtung lernt wenig aus Fehlschlägen, noch profitiert er lange von seinem Glück.

II-14
Ausgeprägter Ehrgeiz hat je nachdem im Leben sowohl Freude als auch Sorgen zur Folge. Ein weiser Führer versteht, daß er nicht in jedem Rennen der Sieger sein kann. Achten Sie daher auf Ihre Gefühle! Zügeln Sie Ihr Handeln! Verschwenden Sie in guten Zeiten nicht Ihre Gewinne! Schwelgen Sie nicht in Selbstmitleid, wenn die Zeiten schwierig sind!

II-15
Ein Führer ist unter allen Umständen beherrscht, selbstsicher, freimütig und kontrolliert. Eine kontrollierte Verhaltensweise verschafft einen gewaltigen Wettbewerbsvorteil.

II-16
Vor allen Dingen ist ein Führer würdevoll, ohne überheblich zu wirken. Überheblichkeit entspringt der Unwissenheit und mangelndem Selbstvertrauen. Benimmt sich ein Mensch überheblich, bringt er zum Ausdruck, daß er nur sehr wenig über wahre Würde weiß, und, was noch wichtiger ist, sehr wenig über wahre Führerschaft.

II-17
Pflegen Sie verfeinerte Umgangsformen, nicht solche der großen Masse. Unterlassen Sie Prahlerei, Kleinlichkeit und anderes übertriebenes Verhalten.

II-18
Nur selten gestehen Menschen ein, versagt zu haben, und noch seltener wird einer zugeben, daß der wahre Grund des Versagens in ihm selbst lag. Wer sich jedoch in Selbstdisziplin übt und unermüdlich seine Fähigkeiten weiterentwickelt, wird auf lange Sicht nur selten versagen.

II-19
Ein Führer kümmert sich um seine eigenen Schwächen und strebt nach einer Verbesserung von innen heraus. Wer von anderen Vollkommenheit fordert, ohne je seine eigenen Fehler zu korrigieren, gelangt nie zu Führungsqualität.

II-20
Kümmern Sie sich nicht darum, wenn andere Ihre Stärken nicht anerkennen. Kümmern Sie sich statt dessen um die Fehler, die Sie bei sich noch nicht entdeckt und korrigiert haben. Es ist übrigens ein großer Fehler, eigene Schwächen zu entdecken, ohne sie zu korrigieren.

II-21
Zu wissen, was richtig ist, und es nicht zu tun, ist Feigheit! Un-

wissenheit und Angst sind die Wurzeln der Feigheit. Unwissenheit und Angst zerstören Selbstachtung.

II-22
Unterläuft einem Unwissenden ein Fehler, wird er versuchen, ihn zu verheimlichen und anderen die Schuld zu geben. Aus diesem Grunde ist es oft schwierig, eng mit Unwissenden zusammenzuarbeiten. Sie sollten nicht in Machtpositionen gelangen. Ein Mensch, der sich seiner mangelnden Befähigung bewußt ist und vor einer Verbesserung zurückscheut, wird vor nichts haltmachen, um die Schuld für ein Versagen von sich abzuwälzen.

II-23
Hüten Sie sich besonders vor waghalsigen unwissenden Menschen, die nach Macht begehren. Sie sind bereit, extreme Mittel einzusetzen. Stellt sich ihnen etwas in den Weg, werden sie Schwierigkeiten machen.

II-24
Es gibt keine Veranlassung, jemandem zu folgen, der von Führung spricht, aber nicht bereit ist, den angemessenen Preis dafür zu zahlen. Nur wenige Menschen fordern von sich selbst herausragende Leistungen. Wer jedoch Vortrefflichkeit predigt, aber Mittelmäßigkeit praktiziert, ist nichts als ein gewöhnlicher Lügner.

II-25
Erforschen Sie Ihre Aufgabe umfassend; untersuchen Sie gewissenhaft; halten Sie standhaft an Ihren Prinzipien fest; wägen Sie Ihre Erfahrung genau ab im Hinblick darauf, was gelungen ist und was nicht. So werden Sie erkennen, was Vortrefflichkeit wirklich bedeutet. Blicken Sie sich nach den besten Führungskräften um und ahmen Sie deren Methoden nach. Auf diese Weise werden Sie auch erkennen, was Führerschaft wirklich bedeutet.

II-26
Vortrefflichkeit in Führungs- oder auch anderen Belangen liegt weder außerhalb unseres Vermögens, noch ist sie schwer zu erreichen. Es bedarf nur der Selbstdisziplin, und sie wird sich uns erschließen.

III
Zielorientiertheit

Zielorientiertheit: Eine Führungskraft ist fest entschlossen, ihre Visionen und Ziele zu realisieren. Entschlossenheit hebt Moral und Stimmung der Untergebenen. So wird es der Führungskraft möglich, sowohl ihre persönliche Autorität wie auch die Macht der Organisation einzusetzen, um ihre Ziele zu erreichen. Diese Macht nutzt eine Führungskraft, um die Bemühungen der ihr anvertrauten Menschen zu lenken und zu kontrollieren.

III-1
Was erfolgreich zum Abschluß gebracht werden kann, muß zunächst ganz klar vor Augen sein und verstanden werden.

III-2
Der Weg zur Übernahme von Führungsaufgaben beginnt daher mit Zielorientiertheit. Darunter verstehen wir den Entschluß, unser Bestes für die Leute zu geben, für die wir Verantwortung tragen. Seien Sie Ihren Vorgesetzten gegenüber genauso loyal und pflichtbewußt, wie Sie es von Ihren Untergebenen erwarten.

III-3
Angestellte profitieren vom Umgang mit Managern, die zielorientiert sind, während der Umgang mit solchen ohne Zielorientiertheit ihnen abträglich ist. Ein Holzschnitzer von Weltgeltung muß zunächst seine Werkzeuge schärfen. Wer herausragende Leistung anstrebt, sollte zunächst seinen Intellekt schärfen, indem er sich mit Menschen umgibt, die ebenfalls nach Vortrefflichkeit streben.

III-4
In Mitarbeitern spiegelt sich unweigerlich die Einstellung der Führungskraft wider. Führungskräfte geben die Richtung vor. Ihre geistige Grundhaltung und ihre Fähigkeiten übertragen sich automatisch auf diejenigen, die ihnen folgen. Ein altes Sprichwort sagt: Um eine Schlacht zu gewinnen, ist es besser, eine Armee von Eseln zu haben, die von einem Löwen kommandiert wird, als eine Armee von Löwen, die ein Esel kommandiert.

III-5
Verschwenden Sie daher nicht zuviel Zeit mit einem Vorgesetzten, der gute Absichten verrät, aber es an Maßnahmen fehlen läßt, sie umzusetzen. Menschen sprechen viel über ihre guten Absichten, doch Worte allein erreichen nichts. Ein Mensch muß handeln, um die Führung zu übernehmen. Dem Handeln geht Entschlossenheit voraus, und der Entschlossenheit Zielorientiertheit. Der wahre Wert einer Führungskraft richtet sich nach ihrer Zielorientiertheit. Ein reinrassiges Tier wird schließlich auch nicht so sehr wegen seiner physischen Kraft geschätzt, als vielmehr wegen seines starken Willens.

III-6
Zielorientiertheit zeigt sich in Selbstdisziplin, Zuverlässigkeit und Wissen, mangelnde Zielorientiertheit dagegen in Nachlässigkeit, Gerissenheit und Oberflächlichkeit. Schlaues Gerede und arrogantes Benehmen sind selten mit ernsthafter Zielorientiertheit verknüpft.

III-7
Eine erfolgreiche Führungskraft konzentriert sich darauf, Schwierigkeiten zu überwinden, Aufgaben zum Abschluß zu bringen und befriedigende Resultate zu erzielen. Über die Früchte des Erfolgs denkt er nach, wenn der Erfolg erzielt wurde.

III-8
Ein Mensch macht sich Feinde, wenn seine Zielorientiertheit allein von Selbstinteresse und Sachzwängen bestimmt ist. Es ist kurzsichtig, allein Geld als Lohn für geleistete Arbeit anzustre-

ben. Geben Sie Ihr Bestes, wenn Sie für jemanden arbeiten. Erachten Sie die Qualität Ihrer Arbeit als weit wichtiger denn die Höhe Ihres Lohnes.

III-9
Ein erfolgreicher Führer ist weder gierig noch großspurig. Statt dessen arbeitet er sorgfältig und wählt seine Worte genau. Er sucht die Umgebung von Menschen, die Leistung schätzen, damit er von ihnen lernen kann.

III-10
Zielorientiertheit ist die motivierende Kraft der Leistung. Wenn Sie etwas tun, das Ihrer persönlichen Zielsetzung entspricht, sind Sie am leistungsfähigsten. Niemand kann ohne Zielorientiertheit sein erworbenes Wissen auch umsetzen. Nur der treibende Ehrgeiz ernsthafter Zielorientiertheit ermöglicht es, großartige Leistungen zu vollbringen.

III-11
Ständiges Bemühen, das Richtige zu tun, anstatt den leichten Weg zu wählen; in Krisenzeiten Mut und Geduld zu beweisen; berechtigten Verpflichtungen nachzukommen, selbst wenn sie sich als schwierig oder kostspielig herausstellen – hierin spiegelt sich wahre Zielorientiertheit wider. Geben Sie außerdem Ihr Bestes für die, bei denen Sie Beschäftigung gefunden haben. Bleiben Sie ihnen treu. Schließen Sie Freundschaft mit denen, die, wie Sie selbst, hohe Qualität anstreben. Wenn Ihnen ein Fehler unterläuft, korrigieren Sie ihn umgehend.

III-12
Einer erfolgreichen Führungskraft geht es nicht um Beförderung, sondern um Qualität und Wert ihrer Arbeit. Eine erfolgreiche Führungskraft strebt nicht nach Anerkennung, sondern nach der Möglichkeit, ihre Arbeitsleistung zu verbessern.

III-13
Ein erfolgreicher Führer muß selbstverständlich intelligent, kenntnisreich und erfahren sein. Doch in Märkten mit starker Konkurrenz sind ausgeprägte Zielorientiertheit und Selbstdiszi-

plin die entscheidenden Faktoren. Auf der unerschütterlichen Zielorientiertheit eines Führers ruht das Vertrauen der ihn umgebenden Menschen.

III-14
Führungsqualität erfordert tiefe Einsicht in die menschliche Natur sowie die Fähigkeit, unterschiedliche Meinungen miteinander in Einklang zu bringen. Ein Führer sollte Zuneigung hervorrufen, aber gleichzeitig auch das Gefühl für Dringlichkeit wecken können. Ein Führer sollte jederzeit Entschlußkraft zeigen und, wenn nötig, mit Härte sein Ziel durchsetzen. Er muß in bestimmten Situationen enorme Energie aufbringen, aber immer einen kühlen Kopf bewahren. Die wertvollste Eigenschaft eines guten Führers ist die Fähigkeit, sich selbst in Gewalt zu haben. Die Kontrolle der eigenen Emotionen verleiht nahezu unüberwindliche Kraft, und diese Kraft ist erforderlich, um Mitarbeiter in Krisenzeiten zu Spitzenleistungen zu führen.

III-15
Wenn Angestellte sich unermüdlich abplagen und keine Ruhe gönnen, so bedeutet dies, daß sie größere Angst davor haben, ihre Vorgesetzten zu enttäuschen, als sich zu überarbeiten.

III-16
Ein erfolgreicher Manager strebt gewissenhaft nach eigener Vortrefflichkeit. Im Umgang mit anderen ist er jedoch flexibel und tolerant, besonders wenn es um unwichtige Kleinigkeiten geht.

III-17
Ist ein Manager zielorientiert und strebt er mutig und entschlossen nach herausragender Qualität, so wird er sich allen Herausforderungen gewachsen zeigen.

III-18
Eine erfolgreiche Führungskraft beweist ihre Zielorientiertheit auf fünf verschiedene Weisen:

   1. taktvolles und diplomatisches Verhalten,
   2. Toleranz gegenüber nicht eindeutig bestimmbaren Situationen,

3. Zuverlässigkeit und Loyalität,
4. Sorgfalt und Qualität,
5. Achtung vor anderen.

III-19
Ein Führer muß unbeirrbar und beharrlich an seinen Entscheidungen festhalten. Er darf weder übertriebene Freude zeigen, wenn die Dinge gut laufen, noch Verzweiflung in schwierigen Zeiten.

III-20
Das unbeirrbare und beharrliche Festhalten an einmal getroffenen Entscheidungen ist ausschlaggebend dafür, daß Sie bei anderen als zielorientierter Mensch gelten, denn die anderen können sich auf Ihr Wort verlassen. Bleiben Sie bei Ihren Entscheidungen, vorausgesetzt, Ihr Handeln zieht keine Ungerechtigkeit nach sich. Denken Sie jedoch daran, daß unüberlegte Entscheidungen oft einen hohen Preis haben.

III-21
Ein Führer hebt die Stimmung und beflügelt die Phantasie der Geführten.

III-22
Sieg oder Niederlage im Wettbewerb entscheiden sich im Bewußtsein der Führungskraft. Das Ergebnis des Wettkampfs hängt von der Urteilskraft, den Fähigkeiten und dem Mut des verantwortlichen Managers ab.

III-23
Wenn Sie Führungsaufgaben übernehmen, müssen Sie ständig darauf achten, wie motiviert und zuversichtlich Sie sind. Das Geschäftsleben ist letztlich ein ständiger Wettstreit zwischen Ihrer Willenskraft und Risikobereitschaft und derjenigen der Konkurrenz. Wenn Sie im entscheidenden Moment Ihre Zuversicht verlieren, wird die Konkurrenz gewinnen.

III-24
Hören Sie sorgfältig zu. Lassen Sie das beiseite, was nicht bewiesen werden kann, und wiederholen Sie vorsichtig den Rest.

Dann werden Sie die richtigen Worte wählen. Beobachten Sie genau. Ignorieren Sie, was nicht funktionieren wird, und wenden Sie den Rest besonnen an. So wird Ihr Handeln zum Erfolg führen. Wenn Ihre Worte treffend und Ihre Handlungen erfolgreich sind, dann werden sich die Gelegenheiten, Führungsstärke und Durchschlagskraft zu zeigen, von selbst einstellen.

III-25
Zuversicht, Inspiration und Grundeinstellungen gehen von denen aus, die an der Spitze einer Organisation stehen, und durchdringen schließlich die gesamte Gruppe. Dasselbe gilt für Furcht und Unentschlossenheit.

III-26
Wettbewerbserfolg ist nur möglich, wenn die Manager tatkräftig, mutig, innovativ und verantwortungsbereit sind. Sie müssen den Willen haben, eine Sache durchzustehen und Aufgaben zu erfüllen, und diesen Willen ihren Untergebenen vermitteln. Außerdem sind für den Erfolg gutes Urteilsvermögen, geistige Offenheit und persönliche Durchsetzungskraft bei intensiver Arbeit und hohem Konkurrenzdruck erforderlich.

III-27
Im Geschäftsleben ist ein erfolgreicher Manager weder für noch gegen eine bestimmte Idee oder Maßnahme, bis er deren Zweck und Auswirkungen untersucht hat. Abgesehen von allen anderen Aspekten unterstützt eine wirklich erfolgreiche Führungskraft jedoch die Wahrheit, in welcher Form sie auch auftritt. Dafür sind Mut und Sinnesschärfe erforderlich.

III-28
Mut und Sinnesschärfe sind die wichtigsten Qualitäten, die zu großartigen Leistungen inspirieren. Mut verleiht Sicherheit, denn es erfordert Mut, etwas Außergewöhnliches zu erreichen. Wollen wir gewaltige Höhen erreichen, müssen wir den Mut haben, gewaltige Anstrengungen auf uns zu nehmen. Durch kühne Entscheidungen haben wir die beste Aussicht auf Erfolg. Ist eine Führungskraft mutig, ergreift sie Gelegenheiten ohne Zögern. Doch wenn sich zum Mut Sinnesschärfe gesellt, wird sie außer-

dem Verbündete gewinnen, denn die Menschen haben dann keine Angst, ihr zu folgen.

III-29
Erfolgreiche Manager streben nach der Wahrheit, unwissende Menschen nach kurzfristigen Erfolgen. Erfolgreiche Manager achten den tieferen Sinn von Regeln und Bestimmungen, während unwissende Menschen nach Schlupflöchern und Abkürzungen suchen.

III-30
Ein erfolgreiche Manager bemüht sich herauszufinden, was richtig ist, und handelt danach. Ein unwissender Mensch tut einfach, was günstig erscheint, ob richtig oder falsch.

III-31
Erfolg im Geschäftsleben erwächst aus energischem, entschlossenem und zuversichtlichem Handeln, ohne Unsicherheit und Zögern. Der Entschluß zum Handeln muß ohne Zögern oder Zaudern erfolgen, denn dies führt nur zu höheren Kosten, versäumten Gelegenheiten und allgemeiner Entmutigung. Eine weise Führungskraft führt eine einmal getroffene Entscheidung energisch durch. Wahren Sie jedoch Ihre Disziplin und Vorsicht. Achten Sie vor allem auf neue Gelegenheiten.

III-32
Die besten Erfolgsaussichten hat eine Organisation, wenn sich alle auf dieselben Punkte konzentrieren; die Organisation muß von einer gemeinsamen Grundhaltung, einer gemeinsamen Absicht, einem gemeinsamen Ziel durchdrungen sein. Wenn sich niemand an die Spitze stellt, kann nichts Nützliches oder Rentables erreicht werden. Im Geschäftsleben ist es das disziplinierte Bemühen, welches den Mitarbeitern das Gefühl gibt, wertvoll und erfolgreich zu sein. Schon viele Organisationen wurden durch den Mangel an Einheit und Zielrichtung zerstört. Im Geschäftsleben führt Ordnung zum Gewinn.

III-33
Diszipliniertes Bemühen ist die treibende Kraft für Leistungsfähigkeit. Kleine Unternehmen vollbringen auf diese Weise Her-

vorragendes. Jedes Unternehmen sollte sich mehr auf Ordnung und diszipliniertes Bemühen stützen als auf Vermögenswerte. Dauerhafte konzentrierte Aufmerksamkeit im Wettbewerb erfordert eine Beharrlichkeit, die nur durch ständiges diszipliniertes Bemühen möglich ist.

III-34
Ihre Mitarbeiter sollten Sie ausschließlich durch den Erfolg motivieren. Dies ist garantiert die beste Methode, die Produktivität zu erhöhen, denn wahre Anerkennung kann nur durch echte Leistung gewonnen werden.

III-35
Der Wunsch nach Anerkennung, das leidenschaftliche Streben nach Ehrungen für erbrachte Leistungen, ist eines der stärksten und erhebendsten Motive. Der Wunsch nach Auszeichnung erfüllt den Menschen länger als jede andere Leidenschaft. Ein wirklich wertvoller Mensch opfert sich nicht Jahr um Jahr für eine etwas höhere Rente oder sonst eine belanglose Entlohnung. Sie müssen sein Innerstes ansprechen, um ihn motivieren zu können.

III-36
Es mag sein, daß die besten Manager anderen geistig überlegen sind, daß sie überdurchschnittliche Kenntnisse hinsichtlich Marktgegebenheiten und Finanzen haben. Ihre wichtigsten Eigenschaften sind das nicht. Die besten Manager verdanken ihren Erfolg einer unbeirrbaren Zielorientiertheit und enormen Energie.

III-37
Erfolgreiches Führen erfordert vor allen Dingen Zielorientiertheit, Intelligenz und Einfühlungsvermögen. Zielorientiertheit ist nötig, um Menschen zu überdurchschnittlichen Leistungen zu motivieren, Intelligenz, weil Menschen nur solche Führungskräfte respektieren und ihnen bereitwillig folgen, die ihren Beruf durch und durch kennen, und Einfühlungsvermögen ist erforderlich, um jeden einzelnen zu verstehen und das Beste aus ihm herauszuholen.

III-38
Das Ausmaß an Zielorientiertheit entscheidet eher als Zahlen darüber, wer im Wettbewerb gewinnt. Zusammenhalt und Einigkeit sind heute im Geschäftsleben wichtiger als je zuvor. Weder Vermögenswerte noch Technologien bringen Profit. Erst wenn einer der Mitbewerber die Stärke der Zielorientiertheit zu nutzen weiß, wird er über die anderen siegen.

III-39
Zielorientiertheit erzeugt eine entschlossene Geisteshaltung. Entschlossenheit führt zu Standfestigkeit, Mut und Vertrauen. Sie schafft Zuversicht, Hingabe und Loyalität. Sie gewährleistet Durchhaltevermögen und den Willen zum Sieg. Eine Organisation ohne Zielorientiertheit ist wertlos. Ist sie sich ihres Zieles bewußt, wird alles möglich.
    Es ist nicht genug, kompetent und erfolgreich im einzelnen zu sein. Vielmehr bestimmt die geistige Grundhaltung, mit der wir in den Kampf ziehen, das Ergebnis. Sie erringt den Sieg. Die geistige Haltung ist das wichtigste Element des Erfolgs. Diese nicht faßbare Kraft bewegt eine gesamte Gruppe von Menschen dazu, für ein Ziel ihr Letztes zu geben, ungeachtet der Kosten für sich selbst. So bekommen sie das Gefühl, Teil von etwas zu sein, das größer ist als sie selbst.

III-40
Um konstruktive Resultate zu erzielen, braucht man mehr als reinen Intellekt. Nötig sind Energie, Antriebskraft und unermüdliche Zielorientiertheit, ungeachtet aller persönlichen Interessen. Manager mit Universitätsabschluß betrachten das Geschäftsleben als rein intellektuelle Aufgabe. Sie fordern Energie und Einsatzbereitschaft von ihren Mitarbeitern, jedoch nicht von sich selbst. Sie betrachten sich selbst als die einzige Quelle von Weisheiten für den Wettbewerb und verlassen sich selbstzufrieden auf ihre Wirtschaftsdiplome und fachberuflichen Abschlüsse – Qualifikationen also, die ihnen Leute wie sie selbst verliehen haben. Doch nur leidenschaftliche, zielorientierte Menschen sind in der Lage, herausragende Leistungen zu erbringen.

IV
Leistung

Leistung: Ein Führer bewertet Ergebnisse danach, ob sie den Bedürfnissen seiner Untergebenen entsprechen oder nicht. Erfolgreiche Ergebnisse sind die Grundlage des Führens. Wirkungsvolle Maßnahmen sind die Basis für erfolgreiche Ergebnisse. Die Elemente wirkungsvoller Maßnahmen sind: Entscheidungsfreudigkeit, Entschlossenheit, Energie, Unkompliziertheit, Ausgeglichenheit und günstige Gelegenheit.

IV-1
Gute Musik zu machen, ist eigentlich ganz einfach. Sie benötigen zunächst eine Komposition, die den zeitlichen und örtlichen Gegebenheiten entspricht. Dann stellen Sie geeignete Instrumente und fähige Musiker zusammen, die durch Übung zu einem harmonischen Ganzen verschmelzen. Wenn sich dann der Vorhang öffnet, lassen Sie das Stück von Anfang bis Ende vortragen, wobei Sie darauf achten, daß jeder Musiker seine Noten deutlich und zum richtigen Zeitpunkt spielt.

IV-2
In einem Wettbewerb im Bogenschießen ist der Teilnehmer mit dem stärksten Bogen und dem geradesten Pfeil nicht unbedingt derjenige, der siegen wird. Sieger ist, wer am häufigsten die Mitte der Zielscheibe trifft. Wenn Sie beim sportlichen Bogenschießen das Ziel verfehlen, ist es übrigens unerheblich, ob sie zu hoch oder zu tief geschossen haben.

IV-3
Das Ziel eines erfolgreichen Managers liegt darin, den Bedürfnis-

sen seiner Untergebenen zu entsprechen. Organisationen können es sich nicht leisten, jemanden zu beschäftigen, der erfolglos ist. Zu sagen „Ich tue mein Bestes" ist zu wenig. Eine Führungskraft muß die notwendigen Anforderungen erfüllen. Die Grundideologie eines Führers lautet, kurz gefaßt, folgendermaßen: In einer schwierigen Lage ist nicht entscheidend, wie Sie an die Problemlösung herangehen, sondern ob Sie damit Erfolg haben.

IV-4
Jede Führungskraft wird nach ihren Handlungen, nicht ihren Worten beurteilt. Ein guter Führer stellt die Erfolgsaussichten nicht übertrieben positiv dar, nur um andere nicht zu enttäuschen. Er ist zurückhaltend mit seinen Worten, aber schnell in seinen Handlungen. Er wägt seine Worte sorgfältig ab. Es ist ein schwerer Fehler, mehr zu versprechen, als man tatsächlich erreichen kann.

IV-5
Es ist schwierig, sämtliche Eigenschaften eines herausragenden Managers in einer Person vereint zu finden. Am wünschenswertesten ist Gleichgewicht zwischen Intelligenz und Befähigung auf der einen und Charakterstärke und Entschlossenheit auf der anderen Seite. Überwiegt Entschlossenheit, wird der Manager sich an Vorhaben machen, die er nicht erfolgreich beenden kann; überwiegt der Intellekt, wird er es nicht wagen, seine Ideen in die Tat umzusetzen.

IV-6
Erfolge werden nur durch Vitalität, Entscheidungsfreudigkeit und unerschütterliche Entschlossenheit erzielt. Man darf weder zögern noch versuchen, sich durchzulavieren. Ein wahrer Führer stellt seine Qualitäten in der Überwindung von Widrigkeiten, wie schwerwiegend sie auch sein mögen, unter Beweis.

IV-7
Handeln läuft in drei Stufen ab: (1) die Handlungsentscheidung, die auf einer Analyse der Situation beruht; (2) Planung und Vorbereitung der Handlungen; (3) die Handlung selbst. Auf allen drei Stufen kommt die Entschlossenheit des Führers zum Tragen.

Handlungsfähigkeit wurzelt in Entschlossenheit, daher ist sie für einen guten Führer wichtiger als Intellekt. Intellekt ohne Entschlossenheit ist wirkungslos. Entschlossenheit ohne Intellekt kann jedoch gefährlich sein.

IV-8
Im Wettbewerb besteht ständig die Gefahr des Verlusts. Wir müssen uns zwischen dem möglichen Verlust durch Untätigkeit einerseits und dem Gewinn und Risiko des Handelns andererseits entscheiden. Der wichtigste Faktor bei der Entscheidungsfindung liegt darin, die Notwendigkeit für ein Handeln im richtigen Moment zu erfassen.

IV-9
Ein Führer, der weiß, welche Risiken in kritischen Situationen mit einer Entscheidung verbunden sind, besonders wenn diese Entscheidung unter enormem Verantwortungsdruck und angesichts einer Vielzahl Unsicherheitsfaktoren und Widersprüchlichkeiten getroffen werden muß, der wird auch zugeben, daß es bei den meisten Entscheidungen keine hundertprozentige Gewißheit gibt. Auch nachdem eine Entscheidung getroffen wurde, können selbst scheinbar einfache Maßnahmen häufig nur mit großer Entschlossenheit durchgeführt werden.

IV-10
Das Entwerfen eines Plans ist der einfachste Teil an einer wirkungsvollen Handlung. Seien Sie daher vorsichtig und lassen Sie sich Zeit bei der Planung. Sind Sie jedoch einmal zu einer Entscheidung gelangt, führen Sie sie ohne Zögern und Zaudern aus. Unsicherheit entstammt nicht einer gesunden Vorsicht, sondern ist ein Stiefkind der Feigheit.

IV-11
Der Planung muß eine wirksame Umsetzung folgen. Die Umsetzung ist eine Sache von Energie und Initiative. Eine Führungskraft benötigt am dringendsten eine ausgeglichene Kombination von praktischer Intelligenz und Energie. Was geplant wurde, muß umgesetzt werden. Ein Führer sollte sich darüber im klaren sein,

daß von ihm ebensoviel Energie wie intellektuelle Fähigkeiten gefordert wird. Sensationelle Erfolge werden in den meisten Fällen eher durch Energie als durch Intellekt erzielt.

IV-12
Wahre Erfolge sind nur möglich, wenn die Manager einer Organisation energisch, verantwortungsbereit und entschlußfreudig sind. Sie müssen den Willen zur profitablen Durchführung von Aufgaben vermitteln können, und sie müssen in der Lage sein, Entschlossenheit, scharfes Urteilsvermögen und Beherrschtheit auch in Streßsituationen zu beweisen.

IV-13
Das Kennzeichen eines erfolgreichen Managers ist die Fähigkeit, auch in einer Krise Mut und Ruhe zu bewahren. Schlechte Manager neigen dagegen dazu, übertriebene oder unkluge Maßnahmen zu ergreifen. Ein guter Manager erkennt nicht nur den Weg zum Erfolg, sondern er erkennt auch, wann Erfolg nicht möglich ist. Daher heißt es: „Der Weg zum Sieg mag bekannt sein, doch es ist nicht der richtige Zeitpunkt."

IV-14
Perfektionismus ist der Feind der Effektivität. Es ist besser, einen realisierbaren Plan heute durchzuführen, als einen perfekten Plan im nächsten Quartal oder Jahr. Erfolg ist in den meisten Situationen von Selbstvertrauen, Energie und Entschlossenheit bestimmt. Diese Eigenschaften erzeugen nicht unbedingt perfekte Lösungen, doch mit Sicherheit können sie zu profitablen Ergebnissen führen.

IV-15
Energie manifestiert sich vor allem in geistiger Flexibilität. Geistige Flexibilität ermöglicht es einem Manager, Gelegenheiten zu ergreifen und unvorhergesehene Vorteile zu nutzen, wenn die Lage umstritten, chaotisch oder unsicher ist. Geistige Flexibilität ist nicht nur ein Produkt von Ausbildung und Begabung des Managers, sondern auch von seiner Zuversicht und Handlungsbereitschaft.

IV-16
Improvisation ist der Kern geistiger Flexibilität, so wie Handlungsbereitschaft das äußere Zeichen von Entschlußkraft ist. Die Fähigkeit zu improvisieren ist einer der Grundpfeiler erfolgreichen Führens. In Wettbewerbssituationen wird die Konkurrenz durch Improvisation überrascht und entwaffnet. Denken Sie immer voraus. Werfen Sie einen Blick um jede Ecke. Gehen Sie einem Problem auf den Grund. Dienen Sie Ihren Untergebenen in einer Weise, die Erstaunen und Freude hervorruft. Das ist wirksame Improvisation und die Grundlage erfolgreichen Führens.

IV-17
Kühne Entscheidungen haben die besten Erfolgsaussichten. Doch es muß zwischen kühner Entscheidung und reinem Wagnis unterschieden werden. Auch wenn eine kühne Entscheidung nicht zum Erfolg führt und in einem Fehlschlag endet, verbleiben noch genügend Ressourcen, um jede sich ergebende Situation zu bewältigen. Ein reines Wagnis andererseits ist eine Entscheidung, die entweder zum absoluten Erfolg oder zum totalen Fehlschlag führen kann. Auch ein Wagnis kann, und muß gelegentlich gerechtfertigt werden, jedoch nur, wenn die Umstände keine Alternative gewähren.

IV-18
Kein Element des Erfolgs ist wichtiger als die Fähigkeit, sich Zufälle zunutze zu machen. Ein Manager sollte sich zwar an vernünftige Managementprinzipien halten, doch niemals die Gelegenheit versäumen, von einem Zufall zu profitieren. Dies zeichnet ein Genie aus. In den Konkurrenzsituationen des Geschäftslebens gibt es immer zumindest einen günstigen Augenblick. Die große Kunst besteht darin, ihn zu erkennen und zu nutzen.

IV-19
Die unsichere Natur von Geschäftsentscheidungen erfordert die Einschätzung von Wahrscheinlichkeiten. Erfolge beruhen auf Zufall. Zufälle machen die Ergebnisse unsicher und laufen ständig einer sorgfältigen Planung zuwider.

IV-20
In Geschäftssituationen, besonders unter Wettbewerbsbedingungen oder in unsicheren Momenten, sind Unentschiedenheit und Verwirrung normal. Verspätet eintreffende, unvollständige und irreführende Informationen, überraschende Umstände und Änderungen sind zu erwarten.

IV-21
Die prinzipielle Unsicherheit, die jeglicher Information immanent ist, verursacht eine besondere Schwierigkeit. Sämtliche Entscheidungen, die auf unsicheren Informationen beruhen, werden in einer Art Zwielicht getroffen, das die Realität in einem unbestimmbaren Ausmaß verdüstert. Diese Verdüsterung läßt die Dinge unwirklich oder bedrohlich erscheinen, macht sie größer oder vielleicht auch kleiner, als sie wirklich sind. Um die Dinge zu erraten, die in diesem schwachen Licht verborgen bleiben, wird Begabung benötigt, oder sie müssen einfach dem Zufall überlassen werden. Dies erfordert Überlegung und Mut. Doch in den meisten Situationen genügt es, die Sache noch einmal zu überdenken, bevor Maßnahmen ergriffen werden.

IV-22
Ein Manager kann sich zur Erreichung erfolgreicher Resultate nicht auf die Intelligenz, Fähigkeit oder harte Arbeit seiner Mitarbeiter verlassen. Statt dessen muß er ihnen Aufgaben übertragen, die durchführbar sind. Die Kunst des Führens ist eine Kunst, die auf Einfachheit beruht, und ein jeglicher Erfolg wurzelt in Leistung. Hier gibt es keine Unwägbarkeiten, alles ist gesunder Menschenverstand. Erfolgreiches Führen besteht in der Kunst, Zufälle, die uns gewogen sind, wirksam zu fördern. Beim Führen ist wichtig, was man tut. Aber es ist auch wichtig, wie man es tut. Feste Entschlossenheit und Ausdauer bei der Umsetzung einfacher Ideen sind der sicherste Weg zum Ziel.

IV-23
Die Kunst des Führens ist wie alles Einfache und Schöne. Die einfachsten Bewegungen sind die besten. Nur was einfach ist,

kann zu herausragendem Erfolg führen. Ein erfolgreicher Manager löst Probleme, indem er den Dingen auf den Grund geht. Ein schlechter Manager dagegen wird die Probleme vermehren, indem er nur die oberflächlichen Details betrachtet.

IV-24
Einfachheit fördert erfolgreiche Maßnahmen. Komplexität zieht Unordnung, Verwirrung und Fehlschläge nach sich. Direkte, einfache Pläne und klare, begrenzte Maßnahmen verringern Unordnung und Verwirrung auf ein Minimum. Sind dieselben Resultate zu erwarten, so sollte immer die einfachste Methode, sie zu erreichen, gewählt werden.

IV-25
Kleingeister versuchen, alles zu erreichen. Weise Menschen verfolgen nur das Allerwichtigste. Ein altes Sprichwort sagt: Der, der alles erreichen will, erreicht nichts. Opfern Sie daher immer das Unwichtige und verfolgen Sie nur das Wesentliche! Große Ziele können nur durch entschlossenes Handeln erreicht werden. Die fundamentale Aufgabe des Führens besteht daher im folgenden: Bestimmen Sie genau, wann und wie solche entschlossenen Handlungen mit der größten Aussicht auf Erfolg gesetzt werden können.

V

Verantwortlichkeit

Verantwortlichkeit: Ein Mensch mit Führungsqualität akzeptiert Aufgaben und Verpflichtungen, die sich aus seiner Vertrauens- und Machtposition ergeben. Die wichtigsten dieser Verpflichtungen sind klares Verstandesdenken, entschlossenes Handeln, bedingungslose Wahrung der Interessen seiner Untergebenen. Ein wirklicher Führer steht für die Folgen seiner Entscheidungen und Maßnahmen gerade und trägt die Konsequenzen zusammen mit seinen Untergebenen.

V-1
Führen ist kein Vorrecht, sondern eine Verantwortung. Macht und Stellung werden Ihnen nur anvertraut, damit Sie Ihren Untergebenen besser dienen können. Sie sind Ihnen nicht gegeben worden, damit Sie Ihre persönlichen Eigenarten ausleben können.

V-2
Ein erfolgreicher Führer hat neun Verantwortlichkeiten, denen er jederzeit nachkommen muß:

1. Genau zu schauen, wenn er hinschaut.
2. Genau zu hören, wenn er hinhört.
3. Sorgfältig nachzudenken, wenn er spricht.
4. Kritisch nachzuforschen, wenn er Zweifel hegt.
5. Respekt zu zeigen, wenn er dient.
6. Ruhig zu bleiben, wenn er herausgefordert wird.
7. Konsequenzen zu bedenken, wenn er Entscheidungen trifft.
8. Wünschenswerte Ergebnisse zu erzielen, wenn er arbeitet.
9. Das Richtige zu tun, wenn er handelt.

V-3
Die Grundlagen verantwortungsbewußten Führens sind: Mischen Sie sich nicht in den Verantwortungsbereich von Untergebenen ein. Erbringt jemand die erwartete Leistung, lassen Sie ihm freie Hand. Wenn er zögert, helfen Sie ihm weiter. Versagt er, ändern Sie seinen Verantwortungsbereich. Doch Menschen, die dauerhaft schwache Leistungen erbringen, sollten sorgfältig geschult und genau beaufsichtigt werden.

V-4
Um zur Entwicklung seiner Fähigkeiten andere zu beeinflussen, praktiziert ein Führer folgendes: Er schafft Respekt und Korpsgeist. Er stärkt Vertrauen und Loyalität. Er fördert Zuversicht und Zielbewußtsein.

V-5
Ein erfolgreicher Führer ist sich seiner Fähigkeiten bewußt, ohne arrogant zu sein. Er umgibt sich mit Gleichgesinnten, bildet jedoch keine Cliquen.

V-6
Innerhalb ihres eigenen Betriebs verhält sich eine verantwortungsbewußte Führungskraft ihren Vorgesetzten gegenüber respektvoll und im Umgang mit Untergebenen zurückhaltend. Im Kontakt mit Außenstehenden ist sie ruhig und selbstsicher, doch sie ist vorsichtig, wenn sie das Wort ergreift. Bei der Zusammenarbeit mit Angestellten der unteren Ebene wählt eine erfolgreiche Führungskraft einen angenehmen und wirkungsvollen Umgangston. Arbeitet sie mit Leuten, die in der Organisation höher stehen, verhält sie sich höflich und unprätentiös. Wird sie vor die Unternehmensleitung gerufen, ist sie selbstbewußt, aber förmlich.

V-7
Was mit der Stärke der Persönlichkeit erreicht werden kann, ist begrenzt. Verhalten und Erscheinung erzeugen nur dann langfristigen Respekt, wenn eine Führungskraft in der Lage ist, ihre Aufgaben zu erfüllen. Führungsqualität zeigt sich in der Fähigkeit, klar zu denken und hart zu arbeiten, nicht in einer attraktiven Erscheinung.

V-8
Befassen Sie sich nicht zu sehr mit Angelegenheiten, die nicht in ihren Verantwortungsbereich fallen. Erlauben Sie Ihren Kollegen, ungehindert ihrer Arbeit nachzugehen.

V-9
Verhalten Sie sich anderen gegenüber immer so, wie Sie selbst behandelt werden wollen.

V-10
Egal, wie fähig eine Führungskraft in technischen Dingen ist, wenn sie das Vertrauen ihrer Untergebenen verliert, wird sie unweigerlich scheitern.

V-11
Entschlossenes Führen ist von entscheidender Bedeutung für den Erfolg, und dies ist nirgends so wichtig, wie auf der Ebene der Betriebsleitung. Führungskräfte, die entmutigt werden, wenn die Dinge einmal nicht so gut laufen, und denen es an Antriebskraft fehlt, eine Sache durchzuführen, und an der Entschlossenheit, ein Vorhaben zu Ende zu führen, bringen keinen Nutzen. Schlimmer als das – sie sind eine Belastung, denn mangelnde Antriebskraft und Entschlossenheit beeinträchtigen rasch die Moral der Angestellten.

V-12
Achtet eine Führungskraft aufmerksam auf kleinste Details im Verhalten, kann sie sowohl Täuschungsversuche als auch Schwächen anderer Menschen schnell erkennen. Dies ist besonders in Situationen von Bedeutung, in denen Täuschung und Schwäche normalerweise nicht erwartet werden, zum Beispiel im Umgang mit Beratern, denen man vertraut.

V-13
Aus einem verfaulten Stück Holz kann man keine schöne Statue schnitzen, noch kann man eine feste Mauer aus Dungziegeln errichten. Genausowenig kann man einem unwissenden Menschen Verantwortung übertragen.

V-14
Hüten Sie sich vor schlauen, das Rampenlicht suchenden Menschen. Sie lassen es oft an Loyalität fehlen. Ein aufmerksamer Führer schenkt niemandem allein seiner Beredsamkeit oder seines Rufs wegen Vertrauen. Andererseits verwirft er nützliche Informationen nicht allein wegen des Charakters oder der Erscheinung des Überbringers.

V-15
Eine erfolgreiche Führungskraft meidet den Kontakt mit einer bestimmten Art von Menschen. Sie vermeidet diejenigen, die lästern und tratschen; diejenigen, die neidisch sind auf Erfolge anderer; diejenigen, die intolerant und unflexibel sind; diejenigen, die stehlen oder lügen; diejenigen, die aufsässig sind und schlechte Manieren haben, und diejenigen, die ein schlechtes Urteilsvermögen oder ein schwaches Rückgrat besitzen.

V-16
Die wichtigste Verantwortung eines Führers besteht darin, Entscheidungen zu treffen. Komitees, Sitzungen, Diskussionsrunden und so weiter sind die Feinde energischen, schnellen Handelns. Die von ihnen ausgehende Gefahr wächst proportional zu ihrer Anzahl und Größe. Komitees sind meistens mit Zweifeln belastet und befassen sich mit unwichtigen Problemen. Im Falle einer Unsicherheit entscheiden sie sich unweigerlich für die schlechtesten Maßnahmen, die unter den Bedingungen von Wandel, Konflikt, Chaos und Unsicherheit immer die vorsichtigsten oder, mit anderen Worten, die schlüssigsten sind. So wird das Unternehmen verwundbar, denn der schlüssigste Kurs ist für die Konkurrenz am leichtesten zu durchschauen.

V-17
Seien Sie innerhalb ihres unmittelbaren Umfelds vorsichtig im Umgang mit Kleingeistern. Wird Ihr Umgang mit solchen Menschen familiär, werden sie wahrscheinlich die Achtung vor Ihnen verlieren. Halten Sie Abstand zu ihnen, sind sie leicht beleidigt. Denken Sie auch daran, daß kleingeistige Menschen ehr-

geizig sind und zulassen, daß ihre Emotionen den Verstand vernebeln. Sie sind nicht in der Lage, die Folgen ihres Handelns klar zu erkennen.

V-18
Wenn Sie in einer Schlacht Unterstützung brauchen, werben Sie niemanden an, der einen Tiger beim Schwanz packen oder mit Todesverachtung in einen reißenden Fluß springen würde. Suchen Sie sich statt dessen jemanden, der mit Verantwortungsbewußtsein an Schwierigkeiten herangeht und der seine Ziele durch gewissenhafte Durchführung sorgfältig durchdachter Pläne erreicht.

V-19
Führen bedeutet vor allem, einen kühlen Kopf bewahren, das heißt, Informationen unvoreingenommen verarbeiten und die Auswirkungen auf die gegebene Situation korrekt einschätzen. Zwei Eigenschaften müssen die kühle Analyse begleiten. Die erste ist Entschlossenheit. Ohne Entschlossenheit haben andere Eigenschaften wenig Wert. Die zweite ist Intelligenz. Wer die Führung übernimmt, sollte ein Talent dafür besitzen, aus jeder Situation einen Vorteil zu ziehen, und in der Lage sein, angesichts von Hindernissen in unerwarteter, aber angemessener Weise zu improvisieren. Er sollte die Absichten anderer ergründen und dabei seine eigenen für sich behalten können.

V-20
Äußern Sie sich erst dann zu einem Thema, wenn Sie genau im Bilde sind. Eine schadhafte Stelle in einem Edelstein kann abgeschliffen werden, doch kein Schliff entfernt ein schädliches Wort. Nicht einmal ein Gespann von Rennpferden holt unüberlegte Worte ein, wenn sie einmal ausgesprochen sind.

V-21
In Zeiten von Umwälzung und Chaos besteht die wichtigste Aufgabe eines Führers darin, die tatsächliche Situation zu erfassen, die fast immer in einem Nebel von Unwägbarkeiten verborgen ist. Er muß die bekannten Elemente richtig identifizieren und

die unbekannten genau einschätzen. Dann muß er rasch zu einer Entscheidung kommen und sie energisch und unnachgiebig umsetzen.

V-22
Eine wichtige Aufgabe eines Führers besteht darin, vorherzusehen, wo und wann Krisen in seinem Verantwortungsbereich auftreten könnten. Doch selbst wenn der Führer die richtigen Entscheidungen trifft, können unvorhergesehene Ereignisse eintreten. Rechnen Sie mit unvermeidlichen Fehlschlägen, um sich auf deren Konsequenzen einstellen zu können.

V-23
Eine Führungskraft, die sich nicht auf Schwierigkeiten vorbereitet, solange sie noch in weiter Ferne sind, wird ihnen nicht entrinnen können, wenn sie sich nähern.

V-24
Ein erfolgreicher Führer schlägt erst dann bestimmte Maßnahmen vor, wenn er die damit verbundenen Schwierigkeiten und Konsequenzen geprüft hat. Er erforscht den Verlauf der Dinge, bevor er darüber spricht.

V-25
Seien Sie sehr vorsichtig, wenn niemand mit Ihnen übereinstimmt. Seien Sie jedoch noch vorsichtiger, wenn jeder Ihnen zustimmt.

V-26
Erfolgreiche Führer achten die Meinungen anderer, doch sie machen sich ihre eigenen Gedanken und gelangen zu ihren eigenen Entscheidungen. Ein unwissender Mensch dagegen macht sich keine eigenen Gedanken, noch respektiert er Meinungen, die von seiner eigenen abweichen.

V-27
Eine tolerante Führungskraft wird respektiert werden. Ist sie vertrauenswürdig, wird ihr Verantwortung übertragen werden. Ist sie gewissenhaft, wird sie alle Erwartungen übertreffen. Ist sie

gerecht, wird sie sich keine Feinde schaffen. Verdienen Sie sich das Vertrauen, das Ihnen entgegengebracht wird, indem Sie Ihren Pflichten in verantwortungsvoller Weise nachkommen. Geben Sie Ihr Bestes für diejenigen, die Sie beschäftigen. Halten Sie die Versprechen, die Sie ihnen gegeben haben. Meiden Sie Kontakt mit denen, die Mittelmäßigkeit fördern. Erkennen und korrigieren Sie Ihre eigenen Fehler.

V-28
Eine verantwortungsbewußte Führungskraft kann die Leute in Machtpositionen innerhalb einer Organisation beeinflussen – selbst aus der Distanz. Ein unwissender Mensch andererseits kann nur diejenigen beeinflussen, über die er direkt Macht ausübt, und selbst das nur, wenn er sich in ihrer unmittelbaren Nähe befindet.

VI
Wissen

Wissen: Das Fundament erfolgreichen Führens. Wissen hat drei Aspekte. Der erste, das fundamentale Wissen, beinhaltet das Studium der Naturwissenschaften, der Geschichte und der menschlichen Natur. Es ist, mit anderen Worten, die Grundlage der Kunst des Führens. Der zweite Aspekt, das strategische Wissen, betrifft das Verständnis der Bedürfnisse und Ziele sowohl der Untergebenen als auch der Konkurrenz sowie die Planung wirksamer Schritte zur Erreichung von Zielen. Der dritte Aspekt, das taktische Wissen, ist auf das Vermögen konzentriert, Gefahren und Chancen zu erkennen und durch Innovation und Improvisation innerhalb des gegebenen strategischen Rahmens rasch und angemessen auf sie zu reagieren.

VI-1
Was ist Wissen? Die Erkenntnis, daß Sie etwas wissen, wenn Sie es wissen, und die Einsicht, daß Sie etwas nicht wissen, wenn Sie es nicht wissen. Das ist Wissen.

VI-2
Streben Sie nach Erkenntnis wie ein Verdurstender in der Wüste nach Wasser – mit verzweifelter Entschlossenheit.

VI-3
Echte Kultiviertheit wird nur durch eine Mischung aus natürlichem Talent und einem entsprechenden Maß an Bildung, Erfahrung und Kultur erlangt. Ungeschulte Menschen sind – selbst wenn sie Talent haben – unbeholfen und werden wahrscheinlich ins Stolpern geraten.

VI-4
Lernen Sie, indem Sie das Verhalten anderer beobachten. Beobachten Sie begrüßenswertes Verhalten, ahmen Sie es nach. Stoßen Sie auf ablehnenswertes Verhalten, prüfen Sie, ob Sie ähnliche Verhaltensmuster an den Tag legen, und schalten Sie sie aus.

VI-5
Ein Mensch, der am Streben nach Wissen Freude findet und nicht zögert, von anderen zu lernen, befindet sich wahrlich auf dem Pfad zu höchster Leistungsfähigkeit.

VI-6
Ohne die Geschichte studiert zu haben, kann ein Führer andere Menschen nicht richtig beurteilen. Wenn ein Führer handelt, ohne die Geschichte genau zu kennen, handelt er ebenso fahrlässig wie ein Arzt, der Medikamente verschreibt, ohne sich zuvor die Zeit genommen zu haben, zu verstehen, welche Krankheit er behandelt.

VI-7
Im Wettbewerb ist die indirekte Methode in den meisten Fällen dem direkten Ansatz vorzuziehen. Das Unerwartete ist im allgemeinen wirkungsvoller als das Vorhersehbare. Die Kunst der Anwendung der indirekten Methode kann nur gemeistert und in vollem Umfang erfaßt werden, wenn zuvor die Geschichte des Führens – in Politik, Geschäftsleben und Kriegswesen – studiert und reflektiert wurde. In all diesen Situationen ist ein Faktor von allergrößter Wichtigkeit: Der Erfolg der indirekten Methode hängt einzig und allein von der Qualität der für den Wettbewerb vorhandenen Informationen ab. Sie müssen rechtzeitig, akkurat und in hinreichendem Ausmaß vorliegen.

VI-8
Zwei Grundsätze für die Anwendung der direkten und indirekten Methode in Wettbewerbssituationen können herauskristallisiert werden, einer ist negativ, der andere positiv. Zunächst der negative: Niemals sollte ein Unternehmen direkt einen Konkurrenten herausfordern, der in einem Marktsegment eine stabile

Position innehat, ohne seine verwundbaren Punkte genau zu kennen. Nun der positive Grundsatz: Soll ein direkter Angriff erfolgreich sein, muß der Konkurrent aus dem Gleichgewicht gebracht werden, und zwar durch indirekte Methoden, bevor der Angriff unternommen wird.

VI-9
Hüten Sie sich vor Menschen, die Ausbildung ablehnen, aber unwissend sind; Menschen, die Disziplin verweigern, aber ehrgeizig sind; Menschen, die keine Erfahrung haben, aber unverblümt daherreden. Verlassen Sie sich nicht auf solche Narren.

VI-10
Einige Menschen behaupten, von ihren Vorfahren oder Universitätsprofessoren sei intuitive Genialität auf sie übergegangen. Wie schön für diese Glücklichen! Denjenigen unter uns, die diesen Vorzug nicht genießen, bleibt nichts anderes übrig, als sorgfältig zuzuhören und genau zu beobachten. Wissen und Erfahrung zusammen mit Studium und Reflexion werden die uns fehlende Genialität ersetzen müssen.

VI-11
Wenn Sie es unterlassen, jemandem, der von Ihrer Unterweisung profitieren könnte, etwas beizubringen, vergeuden Sie einen Mitarbeiter. Versuchen Sie jedoch, jemandem etwas beizubringen, der keinen Vorteil aus der Lektion ziehen kann, vergeuden Sie Ihre Zeit. Eine weise Führungskraft vergeudet weder Mitarbeiter noch Zeit.

VI-12
Angestellte ohne angemessene Schulung an die Arbeit gehen zu lassen, bedeutet eine Verschwendung an Effektivität und Enthusiasmus.

VI-13
Im Geschäftsleben stammen Produktionsgüter und Dienstleistungen selbst in den größten Unternehmen von kleinen Gruppen. Unterweisen Sie daher kleine Gruppen besonders sorgfältig, da-

mit die Kommunikation, Koordinierung und Stimmung innerhalb dieser Gruppen gut bleibt.

VI-14
Geschäftliche Fehlschläge beginnen bei den kleinen Gruppen, welche die Kunden mit Waren und Dienstleistungen versorgen. Das Wachstum eines Unternehmens ist von seinem Erfolg bestimmt. Geschickte Unternehmensleiter können Ressourcen strategisch in günstige Marktsituationen investieren, doch es sind die Leiter der kleinen Gruppen mit direktem Kundenkontakt, die wirklich die Rendite erwirtschaften. Bei gleichen Ressourcen obsiegt im Wettbewerb die Firma mit den am besten geschulten Mitarbeitern. Selbst unter ungünstigen Bedingungen wird ein Unternehmen mit gut ausgebildeten Kleingruppen und Gruppenleitern häufig besser abschneiden als seine scheinbar überlegenen Konkurrenten.

VI-15
Je weniger Erfahrung eine Gruppe im tatsächlichen Wettbewerb hat, desto nachhaltiger muß sie sich historisches Wissen zunutze machen. Die Geschichte ist zwar kein Ersatz für tatsächliche Erfahrung, sie kann jedoch eine solide Grundlage für schnelles, gründliches Lernen aus dieser Erfahrung bilden.

VI-16
Die vorrangige Eigenschaft eines Führers ist umfangreiches Wissen. Wissen entstammt nicht der Intuition, sondern ist das Resultat von Studium und Erfahrung. Niemand wird als Führer geboren. Man muß zu einem solchen werden. Nicht ängstlich zu sein und immer ruhig zu bleiben, Verwirrung zu vermeiden, aber inmitten von Verwirrung und Chaos angemessene Entscheidungen mit einem Gleichmut zu treffen, als befände man sich im Zustand völliger Entspannung – das sind die Beweise für erlangtes Wissen.

VI-17
Ein meisterhafter Handwerker arbeitet noch spät in seiner Werkstatt, um seine Fertigkeiten zu perfektionieren. In ähnlicher Weise

vermehrt ein erfolgreicher Führer sein Wissen durch ordentliches Studium und sorgfältiges Nachdenken.

VI-18
Ein Führer ist wirklich innovativ, wenn er moderne Hilfsmittel mit bewährten Erkenntnissen verbindet, um die erwünschten Resultate zu erzielen.

VI-19
Eine Führungskraft, die ihr Verständnis durch ausgedehnte Studien erweitert, aber im Rahmen von Tradition und gesundem Menschenverstand handelt, wird kaum schwere Irrtümer begehen.

VI-20
Eine Führungskraft kann erst dann selbstbewußt handeln, wenn sie ein Meister in ihrem Beruf ist. Die gesamte Ausbildung eines Betriebsleiters sollte einem einzigen Zweck dienen – sie sollte ihn befähigen, die Firma in Zeiten von Umwälzung, Konflikt, Chaos und Unsicherheit zu leiten.

VI-21
Permanent erfolgreiche Manager sind selten. Es hat nur wenige von ihnen in der Geschichte gegeben. Notwendig ist, daß sie die Kunst des Führens studiert haben und sich an ihre Regeln halten. Wird die so erworbene Weisheit von Mut und technischen Fertigkeiten ergänzt, werden selbst durchschnittlich begabte Führungskräfte die Erfolgsaussichten des Unternehmens erhöhen.

VI-22
Eine kompetente Führungskraft wird selbst schlechte Mitarbeiter zu guten Leistungen bewegen, während eine ungeeignete Führungskraft die besten Mitarbeiter demoralisieren kann und wird.

VI-23
Es ist zwar möglich, daß eine inkompetente Person durch Zufall oder Geburt einen hohen Rang innerhalb einer Organisation innehat, doch eine inkompetente Person kann keine erfolgreiche Führungskraft werden. Befördern Sie nur diejenigen, die ihre Kompetenz unter Beweis gestellt haben!

VI-24
Man macht sich bei Angestellten nicht beliebt, indem man offen und familiär mit ihnen umgeht, sondern indem man ihnen vermittelt, daß man mehr weiß als sie und daß einem ihre Interessen am Herzen liegen.

VI-25
Verachten Sie niemals Ihren Konkurrenten; wer es auch ist. Versuchen Sie, seine Methoden zu durchschauen, finden Sie heraus, mit welchen Mitteln er seine Ziele erreicht, wie er denkt und wie er sich im Wettbewerb verhält. Erforschen Sie seine Stärken und Schwächen. Wie kann eine Führungskraft wissen, was zu tun ist, wenn sie nicht weiß, was die Konkurrenz vorhat?

VI-26
Wenn Sie die Pläne eines Konkurrenten im voraus kennen, werden Sie ihm immer mehr als ebenbürtig sein, selbst wenn Sie geringere Ressourcen haben. Jeder Unternehmensleiter versucht, diese Informationen zu erlangen. Es ist schwierig, die wahren Pläne der Konkurrenz zu erkennen und die Wahrheit in all den Berichten und Daten, die man erhält, zu entdecken. Erraten Sie die Absichten eines Konkurrenten; erkennen Sie, wie er über Sie denkt; verbergen Sie Ihre Absichten und Meinungen vor ihm; führen Sie ihn in die Irre, indem Sie unvollständige oder unwichtige Informationen ausgeben; täuschen Sie die Konkurrenz und verschleiern Sie Ihre Pläne, so daß die Wettbewerbsbedingungen immer zu Ihrem Vorteil sind. Darin besteht die Kunst des Führens im Wettbewerb.

VI-27
Die besten Manager sind diejenigen, denen die wenigsten Fehler unterlaufen. Und Fehler entstehen durch Engstirnigkeit. Vorgefaßte Meinungen, ungeprüfte Annahmen, Volksweisheiten und dergleichen sind, besonders unter Wettbewerbsbedingungen, gefährlich, weil sie alle eintreffenden Informationen färben und ein echtes Verständnis der tatsächlichen Situation verhindern.

VI-28
Manager brauchen einen freien Geist, sie dürfen keine Vorurteile, vorgefaßten Meinungen oder fixe Vorstellungen haben. Nie sollte eine Ansicht übernommen werden, wenn sie nicht von Fakten unterstützt wird. Niemals sollten Maßnahmen ergriffen werden, nur weil sie bereits in der Vergangenheit angewendet wurden.

VI-29
Manager erzielen Erfolge im Wettbewerb nicht durch das Befolgen von Regeln oder Modellen. Erfolg ergibt sich aus dem absolut klaren und genauen Verständnis der maßgebenden Fakten einer Situation zu einem bestimmten Zeitpunkt sowie sämtlicher Kräfte, die in ihr am Werk sind. Erforderlich ist tiefes, objektives Verständnis der augenblicklichen Ereignisse. Nichts führt mit größerer Gewißheit in die Katastrophe als die Anwendung von Lösungsmodellen aus der Vergangenheit, wie erfolgreich sie auch gewesen sein mögen, auf gegenwärtige Situationen.

VI-30
Ein Manager ist gut beraten, die gegebene Situation sorgfältig zu prüfen, um von seinen Stärken zu profitieren und die Konsequenzen seiner Schwächen zu verringern. Der beste Beweis für das Talent eines Managers ist die Fähigkeit, durchführbare, produktive Strategien zu entwickeln, die auf genauer und objektiver Auswertung von Informationen beruhen.

VI-31
Versuchen Sie, sich bei der Entwicklung eines Plans in ihre Kunden und Konkurrenten hineinzudenken. Überlegen Sie sich, welche Maßnahmen Ihren Kunden voraussichtlich die größten Vorteile bringen werden, und welche Maßnahmen Ihre Konkurrenten am wenigsten erwarten oder vereiteln können. Der sicherste Weg zum Erfolg besteht darin, den am wenigsten erwarteten Kurs einzuschlagen.

VI-32
Wer seine eigenen Ressourcen nicht sorgfältig mit den für die

Durchführung einer Aufgabe erforderlichen Ressourcen vergleicht, wird in eine Katastrophe schlittern.

VI-33
Eine Führungskraft sollte bei ihren Projekten nicht so sehr darüber nachdenken, was sie gern tun würde, sondern darüber, was ihre Konkurrenz tun wird. Niemals darf sie die Konkurrenz unterschätzen, sondern sie muß sich in die Lage der Konkurrenz versetzen, um die Situation aus deren Sicht einschätzen zu können. Auf diese Weise können ihre Pläne nicht durch unerwartete Ereignisse durcheinandergebracht werden, weil sie alles vorhergesehen hat. Eine Führungskraft sollte sämtliche Situationen durchdenken, die voraussichtlich um sie herum entstehen werden. Welchen Sinn hat es, etwas zu versuchen, was man nicht verstanden hat? Wer kann in Situationen Unterstützung geben, deren Umstände er nicht verstanden hat?

VI-34
Soll ein Plan durchführbar sein, so muß er die Möglichkeiten der Konkurrenz, ihn zu behindern, mit einbeziehen. Die besten Aussichten, Hindernisse zu überwinden, hat ein Plan, der problemlos variiert und an die erwarteten Umstände angepaßt werden kann. Ein Plan ist wie ein Baum, der Äste haben muß, damit er Früchte tragen kann. Ein Plan, der nur ein einziges Ziel verfolgt, wird sich leicht als ein unfruchtbarer Stamm herausstellen.

VI-35
Ausführliche, sorgfältige Überlegung, gefolgt von präziser Durchführung, verheißt große Gewinne, während übereilt und unüberlegt handelnden Führungskräften in der Regel schwere Fehler unterlaufen.

VI-36
Ohne Wissen und Vorbereitung schafft Überlegenheit an Mitarbeitern und Ressourcen keinen Vorteil. Ein Unternehmen mit mangelnden Ressourcen, das jedoch kenntnisreich und gut vorbereitet ist, kann einen überlegenen Konkurrenten häufig durch Improvisation und Innovation besiegen.

VI-37
Betrachten Sie die Dinge, wie sie wirklich sind. Andere mögen einen bestimmen Gegenstand als „Vase" bezeichnen, doch wenn er nicht wie eine Vase aussieht und nicht die Funktion einer Vase erfüllt, kann er dann wirklich eine Vase sein?

VI-38
Normalerweise gibt es keine Ideallösung für Wettbewerbsprobleme. Sämtliche Maßnahmen haben ihre Vor- und Nachteile. Man muß den Kurs wählen, der unter den gegebenen Umständen am vorteilhaftesten erscheint, und ihn mit Bestimmtheit verfolgen. Akzeptieren Sie die Konsequenzen. Jeder Kompromiß hat Nachteile.

VI-39
Bevor eine erfolgreiche Führungskraft eine Entscheidung trifft, bedenkt sie unvoreingenommen sämtliche Seiten eines Problems, Fakten ebenso wie Anschauungen. Ein unwissender Mensch richtet sich lediglich nach seinen vorgefaßten Meinungen, ohne gegenteilige Fakten oder kenntnisreichen Rat zu beachten.

VI-40
Vier Dinge muß eine erfolgreiche Führungskraft immer vermeiden: Vermutungen, Vorurteile, Unbeweglichkeit und Einbildung.

VI-41
Die zentrale Aufgabe bei der Leitung von Wettbewerbsoperationen besteht darin, flexibel zu bleiben. Dies ist äußerst schwierig. Besonders schwierig ist es, flexibel zu bleiben, wenn die Ressourcen begrenzt sind. Dafür muß ein Manager in hohem Maße eine bestimmte individuelle Eignung mitbringen, nämlich die Fähigkeit, mit Widersprüchen umgehen zu können. Die Verwirrung, Unklarheit und Unsicherheit in Wettbewerbssituationen müssen überwunden und die Ordnung, Klarheit und Gewißheit in ihnen aufgespürt werden. Nur so können sich bietende Gelegenheiten umgesetzt werden.

VI-42

Natürlich möchte man sich im Verlauf einer Geschäftsoperation an den ursprünglichen Plan halten, doch das ist fast nie möglich. Stellen Sie daher sicher, daß sowohl Planung als auch Ressourcen flexibel sind und sich an die Umstände anpassen lassen. Ihre Pläne sollten den nächsten Schritt voraussehen und vorbereiten, falls sich ein Erfolg, Fehlschlag oder – was meistens der Fall ist – ein Teilerfolg einstellt. Ihre persönliche Haltung und die Organisationsstruktur Ihres Betriebs müssen zulassen, daß Chancen in kürzester Zeit ergriffen oder Anpassungen an veränderte Umstände vorgenommen werden können.

VI-43

Aktivität liefert Informationen und schafft Gelegenheiten. Eine Führungskraft sollte ihre sorgfältig ausgearbeiteten Pläne mit so wenig Verzögerung wie möglich durchführen. Unvorhergesehene Gelegenheiten vorteilhaft zu nutzen, löst Probleme und erwirtschaftet Vermögen. Lernen Sie, von den gegebenen Umständen zu profitieren.

VI-44

Es ist von größter Wichtigkeit, daß Manager gute Kenntnisse über den Markt und ihre eigene Position sowie diejenige der Konkurrenz besitzen. Erfolg ist häufig nicht davon abhängig, ob die Manager der einen oder anderen Firma besser ausgebildet sind oder mehr Erfahrung haben, sondern welche Manager die Realitäten des Marktes besser erfaßt haben. Dies trifft besonders dann zu, wenn sich, was häufig der Fall ist, Situationen ergeben, deren Resultat nicht vorhersehbar ist. In diesem Moment müssen die Führungskräfte über Informationen aus erster Hand verfügen. Berichte aus zweiter Hand enthalten nur selten die Informationen, die für effektive Entscheidungen benötigt werden.

VII
Leiterschaft

Leiterschaft: Ein Führer versteht die besondere Natur des sozialen und moralischen Kontrakts zwischen ihm selbst und seinen Untergebenen. Der Führer ist hinsichtlich seiner Macht und auch hinsichtlich seiner Umsetzungsfähigkeit von den Geführten abhängig. Er muß sich ihnen gegenüber daher kooperativ verhalten, um gemeinsame Ziele zu erreichen. Gleichzeitig ist Führungsstärke jedoch einer der wichtigsten Faktoren, wenn nicht sogar der einzig notwendige für den Erfolg gemeinschaftlicher Unternehmungen. Einem Führer obliegt es daher, durch die angemessene Ausübung seiner Macht Ordnung und Disziplin soweit durchzusetzen, wie es für das Erreichen der Ziele erforderlich ist. Zum Teil geschieht dies dadurch, daß er ein System von Belohnungen und Bestrafungen anwendet, das von seinen Untergebenen als fair und gerecht empfunden wird.

VII-1
Wenn niemand die Kontrolle hat, also niemand die Führung übernimmt, kann nichts Nützliches, Herausragendes oder Rentables erreicht werden. Dies trifft auf sämtliche Aspekte des Lebens zu, besonders jedoch auf Konkurrenzsituationen im Geschäftsleben, denn dort ist die Verquickung visionärer Führerschaft und kooperativen Handelns die einzige Möglichkeit, günstige Ergebnisse zu erzielen.

VII-2
Das wesentliche Element in Ansehung der Führerschaft ist die Tatsache, daß ein Führer mit denkenden, empfindenden Menschen zusammenarbeitet. Diese Menschen fürchten Fehlschläge

und leiden unter Angst, Neid, Krankheiten und Ermüdung. Einige sind ehrgeizig, andere nicht. Einige sind kompetent, andere schwer von Begriff. Einige sind kooperativ und loyal, andere sind dagegen aufsässig und unzuverlässig. Kurzum, sie unterscheiden sich auf tausenderlei Weise. Damit sie als ein Team zusammenarbeiten, genügt es nicht, daß eine Führungskraft entscheidet, was zu tun ist, und dann die entsprechenden Anordnungen gibt. Sie muß Selbstvertrauen in denen wecken, die ihr unterstehen.

VII-3
Selbstvertrauen ist die Grundlage für Erfolg im Geschäftsleben: Jeder muß auf seine eigene Kompetenz und die der anderen Mitglieder seiner Gruppe bauen.

VII-4
Spitzenmanager, die sich über die schlechte Stimmung ihrer Mitarbeiter beschweren, erkennen offensichtlich nicht, daß die Stimmung der Mitarbeiter ihr Vertrauen in die Unternehmensführung widerspiegelt. Vertrauen in die Führungskräfte ist ein fundamentaler Bestandteil der Unternehmenskultur.

VII-5
Geben Sie den Leuten Anerkennung und sinnvolle Belohnungen, und sie werden bereitwillig hinter Ihnen stehen. Behandeln Sie die Menschen höflich und erwecken Sie Zuversicht in ihnen, und sie werden bereitwillig hart arbeiten. Geben Sie den Menschen Möglichkeiten der Weiterbildung, und versorgen Sie sie mit den besten Arbeitsmitteln, damit sie sicher und effektiv arbeiten können, und Sie werden sich bereitwillig an Zielsetzungen und Termine halten. Übernehmen Sie persönlich die Führung, und die Leute werden effektiv arbeiten. Geben Sie auch für kleinste Leistungen Anerkennung, belohnen Sie auch die geringsten Verdienste, und die Menschen werden ermutigt, ihr Bestes zu geben.

VII-6
Indem er die Aufgaben entsprechend aufbereitet und Verantwortlichkeiten delegiert, verwirklicht ein guter Führer seinen eigenen Erfolg durch den Erfolg anderer.

VII-7
Wie werden Mitarbeiter am besten verwaltet? Behandeln Sie sie mit Höflichkeit. Achten Sie auf ihre Bedürfnisse. Befördern Sie jene, die kompetent sind. Schulen Sie solche, denen es an Fertigkeiten fehlt. Erteilen Sie Arbeitsaufträge je nach individueller Fähigkeit und den Anforderungen, die für eine bestimmte Aufgabe notwendig sind.

VII-8
Eine Führungskraft sollte nicht immer jedes Detail selbst bearbeiten, damit sie notfalls auch einen Mitarbeiter beauftragen kann. Was sie vor allen Dingen benötigt, ist das Vermögen, die Fähigkeiten ihrer Mitarbeiter beurteilen zu können.

VII-9
Eine intelligente Führungskraft mit Verstand und guter Auffassungsgabe ist in der Lage, andere nutzbringend einzusetzen. Die Menschen sind unterschiedlich begabt. Jemanden einzusetzen, nur weil man ihn mag, ohne vorher zu bedenken, ob er für eine bestimmte Aufgabe geeignet ist, kann zu Fehlschlägen führen. Leute sollten entsprechend ihrer Ausbildung und Veranlagung eingesetzt werden. Setzt eine Führungskraft ihre Mitarbeiter so ein, wie der Tischler gebogenes Holz für das Wagenrad verwendet und gerades für die Achse, dann sind alle Mitarbeiter wertvoll.

VII-10
Ein System von Belohnungen und Strafen bedeutet, Verdienste zu belohnen und Fehler zu bestrafen. Belohnungen für Verdienste fördern die Leistung. Bestrafungen für Fehler beugen der Inkompetenz vor. Dabei ist jedoch von größter Wichtigkeit, daß Belohnungen und Strafen gerecht und unparteiisch zugeteilt werden. Wenn Verdienste belohnt werden, wissen kompetente Mitarbeiter, wonach sie streben sollten. Werden Fehler bestraft, wissen inkompetente Mitarbeiter, was sie zu fürchten haben. Belohnungen sollten daher nicht willkürlich zugesprochen, und Strafen nur verhängt werden, wenn sie gerechtfertigt sind. Werden Belohnungen grundlos verteilt, sind diejenigen verärgert, die hart gearbeitet haben. Werden ungerechte Strafen verhängt, sind die Leute verbittert.

VII-11
Lob und Tadel sind wirksame Hilfsmittel, wenn sie sorgfältig eingesetzt werden. Loben oder tadeln Sie Ihre Mitarbeiter nur dann, wenn es gerechtfertigt ist. Sie sollten sicher sein, daß die betreffende Person Ihre positiven oder negativen Kommentare verdient hat.

VII-12
Ob Mitarbeiter Vertrauen zu ihren Vorgesetzten haben, hängt von drei Faktoren ab. Sie sind von entscheidender Wichtigkeit, denn Vertrauen zu den Vorgesetzten ist die Quelle der Leistungsfähigkeit. Erstens müssen die Regeln und Verfahren am Arbeitsplatz von allen befolgt werden. Bestehende Regeln und Verfahren dürfen nicht verletzt werden. Zweitens müssen Anlagen, Ausbildung und Umgebung für die Arbeit geeignet sein. Drittens dürfen Mitarbeiter und Anlagen nicht überstrapaziert oder demoralisiert werden. Enthusiasmus und Moral Ihrer Mitarbeiter dürfen nicht völlig erschöpft werden. Wenn diese Faktoren vernachlässigt werden, entwickeln die Mitarbeiter kein Vertrauen zu ihren Vorgesetzten. Eine Organisation wird im Konkurrenzkampf unterliegen, wenn die Vorgesetzten ineffektiv sind.

VII-13
Angehörige der Führungsspitze müssen sich mit Menschen umgeben, die treuen Herzens sind, wachsame Augen und Ohren haben, sowie scharfe Klauen und spitze Zähne. Ohne den Rat von Leuten, die ihnen treu sind, tasten Manager im Dunkeln und wissen nicht, wohin sie ihren Fuß setzen sollen. Ohne Informationen von Menschen mit wachsamen Augen und Ohren sind sie blind und taub und wissen nicht, welche Richtung sie einschlagen sollen. Ohne den Schutz von Leuten mit scharfen Klauen und spitzen Zähnen sind sie wie Ritter ohne Rüstung in einer Schlacht. Sie werden unweigerlich den Tod finden. Gute Führungskräfte bestimmen daher immer intelligente und gebildete Verbündete zu ihren Beratern. Nachdenkliche und vorsichtige Verbündete schätzen sie wegen ihrer Augen und Ohren, mutige und furchterregende Verbündete wegen ihrer Klauen und Zähne.

VII-14
Das Verhalten eines Menschen, besonders unter außergewöhnlichen Umständen, enthüllt garantiert die Grundeigenschaften seines Charakters. Beobachten Sie Verhaltensweisen genau, um Charaktereigenschaften zu erkennen.

VII-15
Wenn Sie die Ziele erkennen, die ein Mensch verfolgt, und die Mittel untersuchen, mit denen er sie erreicht, wenn Sie die Menschen beobachten, mit denen er sich umgibt, und die Orte erforschen, an denen er sich wohlfühlt, werden Sie seinen Charakter verstehen. Für eine Führungskraft besteht der entscheidende Aspekt des Erfolgs darin, die richtige Person zum richtigen Zeitpunkt an die richtige Stelle zu setzen.

VII-16
Gute Eigenschaften sind ausgezeichnet, aber sie sollten gleichermaßen von gesundem Menschenverstand und Zurückhaltung beherrscht werden. Ein zu höflicher Mensch kann langweilig werden. Ein zu vorsichtiger Mensch ängstlich. Ein zu wagemutiger Mensch unbesonnen. Ein zu disziplinierter Mensch intolerant.

VII-17
Wenn Sie Ihren scharfen Verstand und Ihre schnelle Zunge dazu verwenden, andere zu kontrollieren oder zu erniedrigen, werden Sie sich Feinde schaffen.

VII-18
Es ist schändlich, andere mit unehrlichen Worten, eingebildetem Verhalten oder übertriebener Ehrerbietung zu beeinflussen. Ebenso schändlich ist es, Verärgerung und Mißbilligung unter dem Deckmantel falscher Freundschaft zu verhüllen.

VII-19
Wer von sich selbst herausragende Leistung verlangt, von anderen jedoch viel weniger, wird kaum Schwierigkeiten im Umgang mit ihnen haben.

VII-20
Wenn Sie am Arbeitsplatz gegenseitigen Respekt und Zusammenarbeit fördern wollen, zeigen Sie sich anderen gegenüber immer höflich und rücksichtsvoll. Das Erreichen lohnenswerter Ziele wird leichter, wenn die Menschen einander respektieren und harmonisch in Teams zusammenarbeiten.

VII-21
Eine Führungskraft kann als wahrhaft geschickt im zwischenmenschlichen Umgang bezeichnet werden, wenn sie die Stärken anderer schätzt, auch nachdem sie ihre Schwächen erkannt hat. Eine herausragende Führungskraft übersieht geringfügige Verfehlungen, Irrtümer und Schwachpunkte. Das führt dazu, daß sie nur wenige Feinde hat. Kleinliche Auseinandersetzungen können den Teamgeist stören, genauso wie kleine Ärgernisse und Ungeduld große Projekte zerstören können.

VII-22
Eine wichtige Eigenschaft einer erfolgreichen Führungskraft besteht darin, daß sie keine Zeit damit verschwendet, andere zu kritisieren. Sagen Sie Ihren Mitarbeitern niemals, wie sie ihre Arbeit machen sollen. Teilen Sie ihnen Ihre Zielsetzungen mit, und der Einfallsreichtum, den sie an den Tag legen, wird Sie überraschen. Wenn Sie Einsatzbereitschaft und Erfahrung fördern wollen, müssen Sie außerdem bereit sein, Ihre Untergebenen zu unterstützen, wenn ihnen Fehler unterlaufen. Ein großer Teil der Zuversicht, die durch gute Führung entsteht, hängt davon ab, daß sich jemand unterstützt fühlt. Die Angst vor Isolation dagegen untergräbt Enthusiasmus und Moral.

VII-23
Bringen Sie anderen Respekt entgegen. Teilen Sie ihnen keine Aufgaben zu, die Sie nicht selbst auch erfüllen würden.

VII-24
Eine neue Führungskraft fordert erst dann Mehrarbeit von ihren Untergebenen, wenn sie ihr Vertrauen gewonnen hat. Die Mitarbeiter werden sich sonst mißbraucht fühlen. Eine neue Führungs-

kraft erhebt erst dann Einwände gegen unkluge Entscheidungen, wenn sie das Vertrauen ihrer eigenen Vorgesetzten gewonnen hat. Andernfalls werden ihre Vorgesetzten sie für aufsässig halten.

VII-25
Eine erfolgreiche Führungskraft wird, auch wenn sie ihren Aufgabenbereich noch nicht in jeder Hinsicht vollkommen im Griff hat, ihren Pflichten dennoch weitgehend zur Zufriedenheit nachkommen können, weil sie weiß, wie sie die Mitarbeiter ihren Fähigkeiten entsprechend einzusetzen hat. Eine weniger tüchtige Person mag zwar ein anerkannter Experte in einem eng begrenzten Fachbereich sein, kann jedoch keine weiterreichenden Verantwortlichkeiten übernehmen, weil es ihr an Menschenkenntnis fehlt. Häufig kommt es vor, daß Menschen sich Verdienste erwerben, ohne einen höheren Rang zu erreichen, doch nur selten gelangt jemand in eine höhere Position ohne gewisse Verdienste. Wenn wir jedoch durch glückliche Zufälle in eine wichtige Position geraten, ohne daß wir hinreichend darauf vorbereitet sind, ist es fast unmöglich, daß wir uns für die Position geeignet zeigen und den Eindruck erwecken, ihrer wert zu sein.

VII-26
Ein erfolgreicher Führer lobt diejenigen, die sich als kompetent erweisen, und hilft denen, die es nicht sind. Auf diese Weise fördert er das Beste in jedermann. Ein erfolgreicher Führer entwickelt die Stärken anderer und verringert ihre Schwächen. Die weniger tüchtige Person tut das Gegenteil.

VII-27
Entscheidend ist nicht die individuelle Kompetenz eines einzelnen, sondern die Kompetenz aller Mitglieder einer Organisation zusammengenommen. Letzteres ruht auf der Zuversicht und dem Vertrauen, das jedes einzelne Mitglied in seine Gruppe setzt. Auch die schwächsten Mitglieder einer Organisation können Einfluß ausüben, wenn sie in entsprechender Weise zusammengeführt werden. Vier hochqualifizierte Menschen, die einander kaum kennen, werden aus Angst vor Fehlschlägen möglicherweise nicht

einmal versuchen, ein schwieriges Problem zu lösen. Vier weniger qualifizierte Menschen dagegen, die einander gut kennen, sich aufeinander verlassen können und sich ihrer Fähigkeiten bewußt sind, werden entschlossen an einer Lösung arbeiten. Solidarität und Zuversicht unter großem Druck können nicht improvisiert, sondern müssen im Laufe der Zeit erlernt werden.

VII-28
Persönliche Beliebtheit, wie wünschenswert sie für den einzelnen auch sein mag, errichtet weder eine Organisation, noch entwickelt sie einen Markt oder zahlt die Rechnungen. Beliebtheit versetzt eine Organisation weder in die Lage, erfolgreich im Wettbewerb zu bestehen, noch gewährleistet sie einen reibungslosen Betrieb. Disziplin ist nicht dafür gedacht, Charakter, Enthusiasmus und Eigeninitiative abzutöten, sondern sie vielmehr zu entwickeln. Der Sinn von Disziplin liegt darin, Verständnis füreinander und Zusammenarbeit in der Erreichung gemeinsamer Ziele herbeizuführen.

VII-29
Disziplin und Ordnung führen zum Erfolg bei Operationen im geschäftlichen Wettbewerb. Selbst eine Organisation mit einer Million Beschäftigten und einer Milliarde Dollar wird diese Ressourcen nicht praktisch anwenden können, wenn Belohnungen und Strafen willkürlich und Regeln und Bestimmungen unzuverlässig sind, oder wenn Anordnungen und Weisungen nicht befolgt werden.

VII-30
Angestellte fürchten immer das Schlimmste, wenn sich ihre Vorgesetzten in Schweigen hüllen. Sie gehen immer davon aus, daß keine Nachricht eine schlechte Nachricht ist, obwohl das Sprichwort das Gegenteil besagt. Angst führt zu Entmutigung.

VII-31
Nicht immer wird erfaßt, wie wichtig die Wahrheit ist. Eine Führungskraft muß ihren Untergebenen die Wahrheit sagen, denn sie wird ihr Vertrauen verlieren, wenn sie herausfinden, daß sie es nicht tut.

VII-32
Egal, welche Mängel jemand in anderer Hinsicht hat, wenn er Führungsaufgaben anstrebt, darf er vor allen Dingen niemals die Unwahrheit sagen. Es ist von grundlegender Bedeutung, daß er niemals das geringste Mißtrauen erregt und sich immer auf seine Integrität berufen kann. Gelangt jemand in eine Machtposition, von dem bekannt ist, daß er in der Vergangenheit gelogen oder in anderer Weise verdächtig gehandelt hat, so werden ihm weder seine Mitarbeiter noch seine Konkurrenten Vertrauen schenken, egal, wie vernünftig seine Worte sind. Man sollte in dieser Hinsicht äußerst vorsichtig sein.

VII-33
Eine Führungskraft sollte gute Eigenschaften haben und frei sein von Willkür, Neid, Vorurteilen und Haß. Fehler sollte sie ohne Zögern bestrafen, doch sie darf niemals aus Wut oder grundlos bestrafen. Erfolg sollte sie unverzüglich und häufig belohnen. Regeln sollte sie unvoreingenommen und objektiv auslegen. Mit diesen Eigenschaften wird sie von einigen gefürchtet und von anderen geliebt werden, doch ohne jeden Zweifel werden ihr alle gehorchen.

VII-34
Fehler dürfen nicht ignoriert werden, denn nichts untergräbt die Moral rascher als fehlende Disziplin. Eine Moral, die auf geeigneter Ausbildung und einem System gerechter Belohnungen und Strafen beruht, wird immer zum Erfolg führen.

VII-35
Angestellte, die wissen, daß ihre Vorgesetzten Erfolg belohnen und Fehler bestrafen, sind eher bemüht, die Sache richtig zu machen.

VII-36
Nur die Haltung des Führers bringt die Menschen dazu, unter dem Druck des Wettbewerbs weiterzumachen und selbst angesichts übermächtiger Hindernisse nicht zurückzuschrecken. Wenn die Menschen wissen, daß ihre Vorgesetzten sich um sie küm-

mern, sie beachten und ihre Erfolge belohnen, werden sie sich ohne Zögern auch an schwierige Aufgaben machen. Die Haltung des Vorgesetzten spiegelt sich in ihnen. Im Bewußtsein der Menschen kann kein anderer Impuls soviel Inspiration und Ermutigung erzeugen wie die Anerkennung einer Leistung durch den Vorgesetzten.

VII-37
Viele Menschen glauben, es sei die fehlerhafte Anwendung von Theorien über die soziale Interaktion im organisatorischen Umfeld, welche zur angespannten Beziehung zwischen Managern und ihren Mitarbeitern führe. Spannungen entstehen jedoch aus einer grundsätzlichen Einstellung; es fehlt Managern und Mitarbeitern an gegenseitigem Respekt. Die Angewohnheit, Mitarbeiter von oben herab zu behandeln, ist eine der schwersten Verfehlungen, die einem Manager unterlaufen können. Es kann nicht genug betont werden, wie wichtig ein respektvoller Umgang ist. Behandeln Sie andere niemals von oben herab, nur weil Sie im Rang über ihnen stehen. Ermutigen Sie Ihre Untergebenen, das Wort zu ergreifen, und hören Sie ihnen genau zu. Es ist eine allgemeine Tatsache, daß die wertvollsten Erze im Boden verborgen sind.

VII-38
Wenn Sie erreichen wollen, daß Menschen gut zusammenarbeiten, Anordnungen befolgen und Ziele erreichen, müssen Sie das Formale reduzieren und sich mehr auf die Inhalte konzentrieren. Bringen Sie zuerst das in Ordnung, was sich in unmittelbarer Nähe befindet, und dann das weiter Entfernte. Bringen Sie zuerst das in Ordnung, was zuinnerst ist, und dann erst, was sich außerhalb befindet. Bringen Sie zuerst das in Ordnung, was leicht in Ordnung zu bringen ist, und dann, was schwieriger zu sein scheint. Bringen Sie zuerst das in Ordnung, was biegsam ist, und dann erst das Spröde. Bringen Sie zuerst das in Ordnung, was einfach ist, und dann das Komplexe. Bringen Sie zuerst Ihre eigenen Angelegenheiten in Ordnung, und dann die Ihrer Umgebung.

VIII
Positives Beispiel

Positives Beispiel: Das Handeln eines Führers wird zum Modell für das Handeln der Gruppe seiner Untergebenen. Außerdem bildet die charakterliche Haltung des Führers den moralischen Maßstab für seine Führung. Die von dem Führer gesetzten Standards werden zur Richtmarke für die ganze Gruppe. Leute, die er schätzt, werden zu seinen Bannerträgern. Der Führer wird in jeder Situation beobachtet und als Beispiel genommen. Jederzeit demonstriert der Führer durch sein eigenes Verhalten die gewünschte Verhaltensweise. Er gibt ein Beispiel, ob er will oder nicht.

VIII-1
Schätzt ein Manager bei seiner eigenen Arbeit Kompetenz, so werden seine Mitarbeiter Kompetenz bei ihrer Arbeit schätzen. Das Handeln des Managers gleicht dem Wind, und das Handeln der Angestellten ist wie das Gras. Wenn der Wind weht, wird das Gras in die Richtung des Windes gebeugt.

VIII-2
Zu Recht streben Menschen mit herausragenden Fähigkeiten und großem Ehrgeiz nach Reichtum und Macht. Doch lassen Sie sich davon nicht täuschen! Reichtümer und Macht, die unter Aufgabe Ihrer Charakterprinzipien erlangt werden, können Ihnen unmöglich Zufriedenheit verschaffen. Wie können Sie darüber hinaus beanspruchen, ein Vorbild für andere zu sein, wenn Sie Ihre Prinzipien aufgeben – sei es auch nur für einen kurzen Zeitraum? Ein Dieb tut letztlich genau dasselbe. Motivieren Sie die Menschen

zu herausragenden Leistungen, indem Sie selbst nach herausragender Leistung streben. Führen Sie, indem Sie ein Beispiel geben!

VIII-3
In Krisenzeiten ist ein erfolgreicher Führer ruhig und zuversichtlich, ein unfähiger dagegen angespannt und nervös. Der eine wird vom Geist des Erfolgs ermutigt, während den anderen das Gespenst der Niederlage heimsucht.

VIII-4
Die Vergangenheit kann durch Worte nicht ausgelöscht werden. Kritisieren Sie nicht im nachhinein einmal getroffene Entscheidungen. Behindern Sie keine Maßnahmen, die bereits begonnen wurden. Vermeiden Sie Schuldzuweisungen für Fehler, die begangen worden sind. Konzentrieren Sie sich statt dessen darauf, zum gegebenen Zeitpunkt das Beste zu erreichen.

VIII-5
Wie können Sie ein Beispiel für herausragende Führerschaft geben? Tun Sie Ihr Bestes für die, in deren Dienst Sie stehen. Legen Sie größeren Wert auf die Qualität Ihrer Leistung als auf Belohnungen. Streben Sie nach herausragender Leistung. Zeigen Sie Enthusiasmus, auch wenn Sie Routineaufgaben erledigen. Legen Sie gutes Benehmen an den Tag. Nehmen Sie Rücksicht auf andere. Geben Sie alles, wenn sofortiges Handeln erforderlich ist. Fördern Sie das Gute in anderen und verringern Sie das Schlechte. Helfen Sie anderen zum Erfolg, indem Sie Maßstäbe für harte Arbeit und Loyalität setzen. Befördern Sie Menschen mit Talent und schulen Sie die, denen es an Fertigkeiten fehlt.

VIII-6
Eine erfolgreiche Führungskraft legt bestimmte Qualitäten an den Tag: Gegenüber Gleichgestellten ist sie höflich und zurückhaltend. Wenn es gilt, ihrem Arbeitgeber nützlich zu sein, ist sie sorgfältig und respektvoll. Im Umgang mit ihren Mitarbeitern ist sie rücksichtsvoll und gerecht. Belohnungen an die, die sich Verdienste erworben haben, gewährt sie großzügig. Eine erfolgrei-

che Führungskraft ist ernst, aber zugänglich, bestimmt, aber höflich, entschlossen, aber gelöst.

VIII-7
Werden Arbeitsbestimmungen durch Androhung von Strafe durchgesetzt, dann halten sich die Angestellten an die Regeln, um Ärger zu vermeiden. Strafen werden sie jedoch nicht zu härterer Arbeit motivieren. Wenn man die Mitarbeiter andererseits durch ein gutes Beispiel von oben leitet, höflich und vertrauensvoll behandelt und durch realistische Erwartungen ermutigt, werden sie nicht nur versuchen, bessere Leistungen zu erbringen, sondern sie werden mit Stolz und aus eigenem Interesse ihrer Arbeit nachgehen.

VIII-8
Mit einem außergewöhnlichen Vorgesetzten läßt sich leicht arbeiten, doch er ist schwer zufriedenzustellen, weil ihm nur eine herausragende Leistung genügt. Arbeitet er jedoch mit anderen zusammen, so trägt er ihnen Aufgaben auf, die ihren Fähigkeiten entsprechen, und fordert nicht mehr, als sie leisten können. Ein unwissender Mensch ist dagegen leicht zufriedenzustellen, doch es ist schwer, mit ihm zu arbeiten. Er ist zufrieden, solange sich die anderen auf seine Meinungen und Vorurteile einstellen. Arbeitet er mit anderen zusammen, erteilt er nicht nur unangemessene Aufträge, sondern fordert Perfektion ungeachtet von Leistungsfähigkeit oder Berufserfahrung.

VIII-9
In der Regel ist niemand in der Lage, ständig jeden zufriedenzustellen. Angesichts dieser Tatsache ist es, wenn man die Wahl hat, wahrscheinlich besser, die zu befriedigen, die kompetent sind, und das Mißfallen jener, die weniger kompetent sind, zu erregen.

VIII-10
Demonstriert ein Vorgesetzter Führungsqualität durch Sorgfalt, Organisationstalent und Loyalität, werden seine Mitarbeiter die ihnen aufgetragenen Aufgaben sogar ohne Beaufsichtigung ausführen. Ist jemand jedoch arrogant und zeigt selbst schlechte Ange-

wohnheiten bei der Arbeit, wird auch die genaueste Kontrolle der Mitarbeiter nicht zu den gewünschten Resultaten führen. Wer selbst sorgfältig und loyal ist, wird keine Schwierigkeiten haben, andere zu derselben Haltung zu bewegen.

VIII-11
Wenn Angestellte die Initiative ergreifen, ohne sich zu beklagen, bedeutet dies, daß sie von der Aussicht auf Erfolg motiviert sind und Fehlschläge nicht fürchten. Kann ein Vorgesetzter seine Mitarbeiter dazu bewegen, sich während einer Krise voll in die Arbeit zu stürzen, so gelingt ihm dies kraft seiner Autorität und des Beispiels, das er gibt.

VIII-12
Die Fähigkeit, Menschen in schwierigen Situationen zu führen, hängt von der Autorität des jeweiligen Vorgesetzten ab. Gelingt es ihm, seine Autorität während einer Krise geltend zu machen und die Kräfte seiner Gruppe wirksam zu konzentrieren, dann vermag er die Probleme in Angriff zu nehmen wie ein geflügelter Tiger, der in rasender Wut über die vier Meere fliegt und zupackt, sobald sich eine Gelegenheit ergibt. Verliert ein Vorgesetzter seine Autorität und kann er die Kraft seiner Gruppe nicht konzentrieren, so gleicht er einem Drachen, der in einen See geschleudert wurde. Er mag die Freiheit der Weltmeere ersehnen, doch er ist gefangen und kann sich nicht befreien.

VIII-13
Charakterstärke ist die Felssohle, auf der das gesamte Gebäude der Führung steht. Mit Charakterstärke kommt der gesamte Wert des einzelnen und seines Teams zum Tragen. Ohne sie werden Fehlschläge oder bestenfalls Mittelmäßigkeit die Folge sein. Charakterstärke ist eine Angewohnheit, die sich in der täglichen Entscheidung zwischen Gut und Böse offenbart. Sie ist eine moralische Kategorie, die schrittweise zur Reife gelangt. Sie taucht nicht plötzlich auf.

VIII-14
Ihr Unternehmen ist ein Spiegel Ihrer selbst. Durch große Cha-

rakterstärke gewinnt ein Manager die Kontrolle über sich selbst. Durch Beständigkeit und Kompetenz gewinnt er die Hochachtung seiner Untergebenen. Der Erfolg der gesamten Gruppe basiert auf der Zuverlässigkeit des Managers, der die Führung übernimmt.

VIII-15
Man sollte keine Bosheit im Herzen führen. Befindet sich ein boshafter Mensch in gehobener Stellung, werden seine Untergebenen ständig untereinander verfeindet sein. Anstand ist sowohl rational als auch weitblickend, denn er gibt dem Menschen ein Gefühl der Überlegenheit und fördert die Kooperationsbereitschaft unter den Menschen.

VIII-16
Worin besteht der wahre Prüfstein des menschlichen Charakters? Vermutlich darin, daß ein Mensch in der Lage ist, unter harten Bedingungen geduldig zu bleiben und sich weiter persönlich einzusetzen, wie entmutigend die Lage, die er und seine Verbündeten durchleben, auch sein mag.

VIII-17
Ein Manager sollte eine professionelle Einstellung und natürliche Eignung für Führungsaufgaben haben. Seine Gedanken müssen tiefgründig und sein Urteilsvermögen scharf sein. Er muß hart arbeiten und emotional belastbar sein. Er sollte sich die Achtung seiner Untergebenen durch ein geeignetes System von Belohnungen und Strafen verschaffen. Er sollte in fast jeder Lage freundlich, liebenswürdig und höflich sein, jedoch streng, wenn erforderlich. Vor allen Dingen muß ein Führer an seinen Taten gemessen werden. Er sollte besonders aufgrund seines Vorbildcharakters für Führungsaufgaben ausgewählt werden.

VIII-18
Ist ein Führer weise, so ist er in der Lage, veränderte Bedingungen zu erkennen und sein Handeln darauf einzustellen. Ist er konsequent, haben seine Untergebenen keine Zweifel an der Gewißheit von Belohnungen und Strafen. Ist er gerecht, respektiert

er sowohl seine Partner als auch seine Untergebenen, kann sich in deren Schwierigkeiten einfühlen und erkennt deren Fleiß und Bemühen an. Ist er mutig, erringt er Erfolge, indem er günstige Gelegenheiten ohne Zögern ergreift. Ist er diszipliniert, werden seine Untergebenen durch sein kompetentes und motiviertes Vorbild ermutigt.

VIII-19
Intelligenz, Wissen und Erfahrung sind wichtige Voraussetzungen für Führungserfolg. Fehlt es jedoch an diesen Eigenschaften, so können sie, wenn erforderlich, durch gute Mitarbeiter kompensiert werden. Charakterstärke ist jedoch der entscheidende Faktor. Das Selbstvertrauen der Gruppe basiert einzig und allein auf der Charakterstärke des Führers.

VIII-20
Was auch geschieht, der verantwortliche Manager muß fest und konsequent zu seinen Zielvorstellungen stehen. In Zeiten des Wohlstands darf er keine übertriebene Freude zeigen, noch tiefe Niedergeschlagenheit, wenn die Verhältnisse schwierig sind. Im Geschäftsleben sind sowohl gute wie auch schlechte Ergebnisse zu erwarten, und sie folgen periodisch aufeinander. Angestellte schätzen die Wahrscheinlichkeit des Erfolgs oder die Konsequenzen von Fehlschlägen in der Regel je nach Ausstrahlung der Unternehmensleitung ab.

VIII-21
In schwierigen oder risikoreichen Situationen darf man niemals erklären, daß etwas absolut undurchführbar sei. Sonst werden die Einschränkungen, die man im Geiste vorgenommen hat, den Mitarbeitern offenbar. Ein Führer sollte niemals Schwächen in seiner Haltung zeigen, wenn er schwierige Situationen überwinden will. Verliert ein Führer den Mut, werden Kollegen und Untergebene die Achtung vor ihm verlieren. Wie verzweifelt die Lage auch sei, ein Spitzenmanager muß immer Zuversicht ausstrahlen. Furchtsamkeit an der Spitze durchdringt den Betrieb wie ein Krebsgeschwür.

VIII-22
Muß ein Manager ein angefangenes Vorhaben schnell zu Ende bringen, sollte er nicht zögern, selbst mit anzupacken und seinen Mitarbeitern zur Hand zu gehen. Nichts motiviert Mitarbeiter mehr als das Vorbild leitender Angestellter.

VIII-23
Der Verhaltenskodex erfolgreichen Führens besagt, Führungskräfte sollten nie zu erkennen geben, wenn sie durstig sind, bevor nicht die Angestellten Wasser aus dem Brunnen geschöpft haben, Führungskräfte sollten nie sagen, sie seien hungrig, bevor nicht das Essen für die Untergebenen bereitet ist, Führungskräfte sollten nie zeigen, daß sie frieren, bevor nicht für die Angestellten das Feuer entzündet ist. Führungskräfte benutzen keinen Ventilator in der Hitze des Sommers, im Winter tragen sie keine Lederkleidung, im Regen brauchen sie keinen Schirm. Sie verhalten sich so wie alle anderen auch. Auf diese Weise erlangen sie Respekt und Macht.

VIII-24
Eine Führungskraft sollte ein Beispiel dafür geben, wie eine Aufgabe zu erfüllen ist. Dazu sollte sie höchstes berufliches Können erwerben, das Richtige tun und das unterlassen, was sie selbst untersagt hat.

VIII-25
Wesentlich für einen Führer ist, daß er die Verdienste und Probleme der Untergebenen teilt. Wenn Schwierigkeiten auftauchen, dann lassen Sie nicht die Gruppe im Stich, um sich selbst zu retten. Versuchen Sie nicht, den Problemen zu entkommen, auf die Sie stoßen. Unternehmen Sie vielmehr jede Anstrengung, um Ihre Untergebenen und Partner zu schützen, und teilen Sie deren Schicksal. Wenn Sie sich so verhalten, werden Ihre Untergebenen Sie nicht vergessen. Die Führungskraft, die nachts länger mit ihren Leuten arbeitet und ihre Untergebenen sorgfältiger ausbildet, riskiert die wenigsten Fehlschläge.

VIII-26
Geben Sie Ihrer Gruppe ein Beispiel, sowohl in Ihrem beruflichen Handeln wie auch in Ihrem Privatleben. Wenn Sie ermüden oder Schwierigkeiten haben, schonen Sie nicht sich selbst auf Kosten Ihrer Untergebenen. Seien Sie selbst unter den schlimmsten Bedingungen immer taktvoll und höflich.

VIII-27
Die Operationen im Wettbewerb stellen eine besondere Art von Aktivitäten dar, die sich von den Verwaltungs- und Verfahrensabläufen des Betriebs unterscheiden. Der Erfolg einer Organisation im Wettbewerb hängt von Individuen ab, die von Geist und Wesen des Wettbewerbs durchdrungen sind, die sich für den Wettbewerb schulen, die ihren Verstand noch im kleinsten Detail anwenden, die in der Praxis Kompetenz und Selbstvertrauen gewonnen haben und die ihre Persönlichkeit vollständig auf den Erfolg ausrichten.

VIII-28
In Zeiten von Chaos, Erschöpfung und organisatorischem Durcheinander oder auch, wenn außergewöhnliche Leistung erforderlich ist, wirkt das persönliche Vorbild eines Führers Wunder. Dies gilt besonders dann, wenn er so vorausschauend war, sich mit einem Nimbus zu umgeben. Eine der wertvollsten Eigenschaften eines Führers ist das Gespür dafür, sich im entscheidenden Moment am richtigen Ort zu befinden. Wenn die Situation kritisch wird, müssen die Angestellten ihre Vorgesetzten sehen können und spüren, daß sie in ihrer Nähe sind. Dabei ist es sogar unerheblich, ob die Vorgesetzten viel an der Situation ändern können. Ihre Gegenwart schafft den Glauben, daß eine Richtung vorgegeben ist, und das genügt, um die Anstrengungen nicht erlahmen zu lassen.

VIII-29
Ein Manager, der die Aktivitäten im Wettbewerb zu lenken versteht, gleicht jemandem, der in einem leckgeschlagenen Boot sitzt oder unter einem brennenden Dach liegt. Angesichts der schwie-

rigen Umstände weiß der Führer, daß dem Weisen keine Zeit bleibt, Rat zu geben, noch dem Mutigen, in Zorn zu geraten. Alle müssen ihre Anstrengungen auf die Anforderungen des Augenblicks richten. Man kann daher sagen, daß von allen Führungsschwächen in einer Wettbewerbssituation Furchtsamkeit die schlimmste ist. Die meisten Rückschläge, die einen Betrieb im Wettbewerb treffen, entstehen durch Zögerlichkeit und Angst vor Versagen.

Abschnitt III

Beispiele von Führerschaft

Die Erfolgsprinzipien wurden mit Blick auf den Lebensweg von Menschen entwickelt, die tatsächlich gelebt haben. Die folgenden sieben Kapitel enthalten Erörterungen und Beispiele von Einstellungen und Handlungsweisen, die Menschen in Führungssituationen gezeigt haben. Auf diese Weise sollen die Erfolgsprinzipien illustriert und verdeutlicht werden. Die Führer, die in diesen Beispielen dargestellt werden, sind George Washington, Robert E. Lee, Winston S. Churchill, Ulysses S. Grant, Thomas A. Edison, George C. Marshall, T. E. Lawrence und Dwight D. Eisenhower. Ich habe diese Führungspersönlichkeiten aus Hunderten von Beispielen ausgewählt, weil die Namen allgemein bekannt sind und es für jede der Biographien viele zuverlässige Quellen gibt.

IX
Selbstdisziplin

Selbstdisziplin: Ein Führer lebt nach Regeln oder Grundsätzen, die er als angemessen für sich und als akzeptabel für seine Untergebenen betrachtet. Er muß nicht durch einen äußeren Anstoß motiviert werden, um Leistung zu erbringen.

George C. Washington: Regeln des Verhaltens und der Ethik

Jeder herausragende Führer unterzieht sich einem Prozeß der Selbstbestimmung. Im Laufe dieses Prozesses bestimmt er, welche Art von Gruppe er führen will, und welche Regeln und Verhaltensweisen diese Gruppe verlangt. Eine Führungspersönlichkeit muß sich entschließen, die erforderlichen Regeln und Verhaltensweisen zu akzeptieren, ungeachtet dessen, was andere davon halten, und, vor allem, ungeachtet der Konsequenzen. Der Führer muß in Übereinstimmung mit den erforderlichen Regeln und Verhaltensweisen handeln. Doch lassen Sie sich nicht täuschen! Ein Mensch mit wirklichen Führungsqualitäten läßt den Worten Taten folgen, oder er kann nicht wirklich führen.

Die oft erzählten Geschichten über den jungen George Washington sind natürlich bloße Anekdoten. Doch wie viele andere Anekdoten enthalten sie eine fundamentale Wahrheit. Als junger Mann stellte Washington in einer Schulaufgabe 110 „Regeln der Höflichkeit und des anständigen Benehmens in Gesellschaft und Konversation" schriftlich zusammen. Diese Regeln bildeten

Selbstdisziplin 93

die Grundlage seines Verhaltenskodex und seiner moralischen Vorstellungen im Erwachsenenalter und schufen ein unerschütterliches Fundament für seinen späteren Aufstieg zu Macht und Führungsaufgaben.

George Washington war kein intellektueller Riese. Im Vergleich mit einigen anderen Persönlichkeiten des amerikanischen Unabhängigkeitskrieges war er nicht besonders gebildet. Er war ein großartiger militärischer Führer in dem Sinne, daß seine Gesamtstrategien funktionierten, das heißt, er schätzte die Stärken seiner Armee und die Schwächen der britischen Armee korrekt ein und machte sich beides zunutze. Er zeichnete sich jedoch nicht durch besonders brillante Ausführung seiner Strategien auf dem Schlachtfeld aus. Washingtons Pläne waren beinahe immer zu kompliziert, um von seiner Armee umgesetzt werden zu können. Gelegentlich führten sie dank glücklicher Zufälle zum Erfolg, doch in der Regel nicht auf die Art und Weise, wie er es beabsichtigt hatte. Ein gutes Beispiel dafür ist sein Angriff über den Fluß Delaware. Die Attacke war ein großartiger Erfolg, weil der Gegner völlig unvorbereitet war, nicht weil Washingtons Truppen rechtzeitig am richtigen Ort waren. Dennoch wurde nach dem Ende des Unabhängigkeitskrieges keiner Führungspersönlichkeit in Amerika mehr Verehrung und Vertrauen entgegengebracht als Washington. Seine Anhänger vertrauten ihm, weil er sich nicht außerhalb oder über die Ideale der Revolution setzte, für die er kämpfte. Er hätte König der Vereinigten Staaten werden können, doch er verachtete schon allein den Gedanken an einen solchen Machtmißbrauch, weil dies seine Grundsätze der Selbstdisziplin verletzt hätte. Sein ganzes Leben lang handelte er gemäß den Prinzipien, die ihm das Vertrauen seiner Anhänger, wie er es verstand, auferlegte – ein Vertrauen, das auf der strengen Anwendung eines Kodex von Verhaltensweisen und Moralvorstellungen basierte.

Hier sind einige Beispiele aus Washingtons „Regeln der Höflichkeit ...":

- Formuliere knapp und umfassend, wenn du sprichst.
- Streite nicht mit deinem Vorgesetzten. Unterbreite ihm deine Vorstellungen mit Zurückhaltung.

- Kritisiere keinen Untergebenen, der sein Bestes getan hat, selbst wenn er an einer Aufgabe gescheitert ist.
- Wenn du Ratschläge geben oder Kritik äußern mußt, bedenke, ob dies öffentlich oder unter vier Augen, sogleich oder zu einem späteren Zeitpunkt und auf welche Weise geschehen sollte. Mußt du jemanden kritisieren, tue es behutsam.
- Wirst du von deinem Vorgesetzten getadelt, widersprich ihm zu dem Zeitpunkt nicht. Hat es sich nicht um einen Fehler deinerseits gehandelt, teile deinem Vorgesetzten die Fakten später mit.
- Mach dich nicht über etwas lustig, das anderen wichtig ist.
- Wenn du andere für Fehler kritisierst, stell zunächst sicher, daß du den Fehler bei dir selbst ausgemerzt hast. Ein gutes Beispiel ist viel wirkungsvoller als Worte.
- Glaube nicht unbesehen, was dir Schlechtes über andere zugetragen wird.
- Umgib dich selbst mit anderen guten Menschen. Es ist besser, allein zu sein als in schlechter Gesellschaft. Sprich nicht boshaft oder neidisch über andere.
- Laß dein Handeln immer von der Vernunft regiert sein.
- Brich niemals in Gegenwart deiner Untergebenen die Regeln.
- Ein Mann sollte seine eigenen Erfolge nicht zu hoch bewerten.
- Wenn du Befehle gibst, sei nicht herrisch oder mach andere klein.
- Sprich nicht schlecht über Leute, die nicht anwesend sind.
- Gehe nirgendwohin, wo du nicht erwünscht bist.
- Gib nicht unaufgefordert Ratschläge.
- Bei Unstimmigkeiten zwischen Untergebenen schlag dich weder auf die eine noch auf die andere Seite. Bleib in deiner Meinung flexibel. Bleib in unwichtigen Fragen auf der Seite der Mehrheit.
- Stell keine Vergleiche zwischen Leuten an.
- Sei vorsichtig, wenn du über Dinge sprichst, von denen du nicht weißt, ob sie richtig sind.
- Einige Dinge bleiben besser ein Geheimnis. Sei nicht neugierig auf die Angelegenheiten anderer.

- Beginne nichts, was du nicht zu Ende führen kannst.
- Halte deine Versprechen.

Diese Regeln hätten ohne weiteres von Sun Tzu oder auch Konfuzius geschrieben worden sein können.

George C. Marshall: Klarheit und Entschlossenheit

Erforschen Sie Ihre Aufgabe umfassend; untersuchen Sie gewissenhaft; halten Sie standhaft an Ihren Prinzipien fest; wägen Sie Ihre Erfahrung genau ab im Hinblick darauf, was gelungen ist und was nicht. So werden Sie erkennen, was Vortrefflichkeit wirklich bedeutet. Blicken Sie sich nach den besten Führungskräften um und ahmen Sie deren Methoden nach. Auf diese Weise werden Sie auch erkennen, was Führerschaft wirklich bedeutet. Es gibt keine Veranlassung, jemandem zu folgen, der von Führung spricht, aber nicht bereit ist, den angemessenen Preis dafür zu zahlen. Vortrefflichkeit im Führen oder auch in anderen Dingen ist gar nicht so schwer zu erreichen. Wenn wir nur Selbstdisziplin praktizieren, wird sie sich uns erschließen!

Der wichtigste General der US-Armee hat während des Zweiten Weltkriegs keine einzige Armee in die Schlacht geführt. Dennoch waren seine Entscheidungen von maßgeblicher Bedeutung für den Erfolg der Kriegsanstrengungen. Obwohl eine Reihe von Generalen einen höheren Rang hatte als er, wurde General George Marshall 1939 von Präsident Franklin Roosevelt zum Generalstabschef der Armee und damit zum höchsten Offizier der US-Streitkräfte ernannt. Zum damaligen Zeitpunkt rangierte die aktive Truppenstärke der USA weltweit an zwanzigster Stelle, nur einen Platz vor Bulgarien.

Unter Marshalls Oberbefehl wuchs die Armee von 174.000 Mann mit schlechter Ausbildung und Ausrüstung auf die schwindelerregende Zahl von 8,3 Millionen Soldaten mit ausgezeichneter Ausbildung und Ausrüstung an. Wie hat er diese Meisterleistung zustande gebracht? Es gelang ihm, indem er die vor ihm liegende Aufgabe klar erfaßte und sich dem Erfolg der Kriegsanstrengungen verschrieb, wobei er sein eigenes Ich zurückstellte, wenn dies für das Ziel erforderlich war.

Während des Ersten Weltkriegs diente General Marshall im Stab von General Pershing im amerikanischen Expeditionskorps in Frankreich. Am Ende des Krieges hatte Marshall einige klare Vorstellungen darüber entwickelt, wie die Armee umgestaltet werden mußte, um im nächsten Krieg effektiv eingesetzt werden zu können. 1927 wurde Marshall zum stellvertretenden Kommandeur mit Verantwortung für den Ausbildungsplan an der Infanteristenschule in Fort Benning, Georgia, ernannt. In den folgenden Jahren arbeitete er daran, die Ausbildungsmethoden für Infanterieoffiziere zu verbessern. Marshalls Manöverübungen stellten die Unsicherheit der Situation auf dem Schlachtfeld heraus und machten deutlich, wie knapp und unzuverlässig Informationen sind. Er betonte die Notwendigkeit rechtzeitiger, effizienter Entscheidungen auch unter Streß und sagte: „Wenn wir Befehle geben, müssen wir Kompliziertheit und Schwierigkeiten vermeiden. Wir müssen uns auf bestimmte entscheidende Überlegungen konzentrieren, auf Methoden, die so einfach sind, daß Offiziere mit gesundem Menschenverstand die Grundidee sofort erfassen können." (Mit anderen Worten, die wesentlichen Dinge gut machen.) Sein Einfluß durchdrang die gesamte Armee. Über zweihundert zukünftige Generale lernten oder unterrichteten an der Infanterieschule während seiner dortigen Amtszeit.

Marshall hatte eine klare Vorstellung davon, welche Art von Leuten für die Truppenführung in Kriegszeiten erforderlich ist. Mangelnde Führungsqualität oder mangelnde physische Leistungsfähigkeit würden Amerikanern das Leben kosten. Marshall beschrieb seine Philosophie des Aussiebens inkompetenter oder ungeeigneter Offiziere folgendermaßen: „Ich werde diese Männer den schwersten Prüfungen unterziehen, die ich entwickeln kann. Ich werde sie in Positionen befördern, in denen sie mehr Verantwortung tragen als in ihren augenblicklichen. Dann werde ich sie plötzlich, ohne Vorwarnung, in Positionen versetzen, die noch belastender und schwieriger sind. Ich werde bewußt den Eindruck bei ihnen erwecken, daß ich sie rücksichtslos behandle und zuviel von ihnen erwarte. Wer sich unter diesen Strafbedingungen bewährt, wird befördert. Wer versagt, wird beim ersten Zeichen von Schwäche ausgeschieden." Praktisch alle, die 1939 einen allgemeinen Offiziersrang innehatten, mußten bis 1944 ersetzt werden.

Marshalls Führungsstil wird in Eric Larrabees Buch „Commander in Chief" beschrieben: „Marshall bevorzugte Männer in seiner Umgebung, die bereit waren, Entscheidungen zu treffen, ohne darauf zu warten, daß ihnen gesagt wurde, was sie zu tun hatten. Er gestattete ihnen, ja erwartete es sogar, daß sie ihm widersprachen, wenn sie nicht mit ihm übereinstimmten. Er wollte keine Lageberichte von Leuten hören, die nicht imstande waren, eine Vorgehensweise vorzuschlagen und zu verteidigen. Die schlecht formulierten Meldungen seiner Stabsoffiziere wurden ihm zuviel, und er ordnete an, sie sollten ‚drei oder vier aufgeweckte junge Männer auswählen, die sich ausdrücken konnten', um die erforderlichen Themen in Kurzfassungen von zehn Minuten abzuhandeln."

Die angesehenste Position während des Zweiten Weltkriegs war der Oberbefehl über die Normandie-Invasion, die Operation Overlord, im Juni 1944. Wer die alliierten Streitkräfte anführte, würde zu einem der berühmtesten Heerführer der Weltgeschichte werden. Marshall war eindeutig die für die Leitung der Invasion am besten geeignete Person. Kaum jemand war dagegen, daß ihm diese Ehre zuteil wurde. Marshall wäre sein Platz in der Geschichte sicher gewesen, hätte er den Oberbefehl erhalten. Doch dem stand entgegen, daß er als Stabschef zu wertvoll war. Seine Ernennung zum Oberbefehlshaber von Overlord hätte bedeutet, daß er unter dem Befehl des nächsten Stabschefs, voraussichtlich Eisenhowers, gestanden hätte, was eine schwierige Befehlssituation gewesen wäre. Marshall war der einzige Armeegeneral, der das absolute Vertrauen Präsident Roosevelts genoß, und hatte daher Macht und Befugnis, den Krieg von Washington aus zu führen. Präsident Roosevelt wählte General Eisenhower für den Oberbefehl und erklärte Marshall: „Ich glaube, ich könnte nicht ruhig schlafen, wenn Sie nicht in Washington wären."

Es war typisch für Marshalls Selbstdisziplin, daß er dem Präsidenten niemals sagte, er hätte gern den Oberbefehl für Overlord gehabt. Eric Larrabees Kommentar dazu lautet: „Indem Marshall dem Präsidenten niemals mitteilte, daß er gern das Kommando für Overlord gehabt hätte, stellte er sich selbst und sein Eigeninteresse in sehr nobler Weise zurück. Oft wird gesagt, Entsagung erhöhe die Anziehungskraft eines noblen Geistes. Im Falle Marshalls war das eindeutig der Fall. Der fast totale Rückhalt des Präsidenten, sein einmaliges Ansehen im Kongreß und sein Oberbefehl über die Gesamtstreitmacht, also die Chefs von Marine, Luftwaffe und Marineinfanteristen, dies alles machte Marshall zu einer herausragenden Gestalt ..."

X
Zielorientiertheit

Zielorientiertheit: Ein Führer ist fest entschlossen, seine Visionen und Ziele zu erreichen. Entschlossenheit hebt Moral und Stimmung der Untergebenen. So wird es dem Führer möglich, sich sowohl persönliche als auch organisatorische Macht zunutze zu machen, um Ziele zu erreichen. Diese Macht nutzt eine Führungskraft, um die Bemühungen der ihr anvertrauten Menschen zu lenken und zu kontrollieren.

Ulysses S. Grant: Zuversicht in der Krise

In Angestellten spiegelt sich unweigerlich die Einstellung der Führungskraft wider. Führungskräfte geben die Richtung vor. Ihre geistige Grundhaltung und ihre Fähigkeiten übertragen sich automatisch auf diejenigen, die ihnen folgen. Ein altes Sprichwort sagt: Um eine Schlacht zu gewinnen, ist es besser, eine Armee von Eseln zu haben, die von einem Löwen kommandiert wird, als eine Armee von Löwen, die ein Esel kommandiert.

Führungskräfte müssen mit chaotischen Situationen umgehen, wenn ihre Organisationen mit Unsicherheit, Wandel und Wettbewerb konfrontiert sind. Unter schwierigen und anstrengenden Bedingungen hängen Zuversicht und Ordnung der Untergebenen von ihren Vorgesetzten ab. Erfolgreiche Führungskräfte werden zum Auge des Sturms – zu einem ruhigen, Sicherheit ausstrahlenden Bezugspunkt, von dem aus wirksame Maßnahmen ergriffen werden können. In der Karriere von General Ulysses S. Grant finden sich zwei ausgezeichnete Beispiele für die Stärke ruhiger Zuversicht angesichts einer Krise.

Während des amerikanischen Bürgerkriegs befand sich Fort Donelson, eine der Konföderierten-Festungen der nach Unabhängigkeit strebenden Südstaaten, am Ufer des Tennessee in Kentucky. Die Festung wurde von etwa 18.000 Soldaten verteidigt. Anfang 1862 rückte Grant mit 15.000 Mann und einer kleinen Flotte von Kanonenbooten vor und schloß das Fort ein. Am Morgen des 15. Februar 1862 begannen die Konföderiertentruppen einen Angriff aus dem Fort und versuchten, Grants Linien zu durchbrechen. Die Unionstruppen wurden von dem Angriff überrascht, und Grant befand sich einige Meilen entfernt vom Geschehen, um mit seinem Flottenkommandeur strategische Fragen zu erörtern.

Der Angriff der Konföderierten verursachte in den Unions-Linien große Verwirrung und zwang einen beträchtlichen Teil der Männer zum Rückzug. Als Grant die Front erreichte, traf er auf einen Stabsoffizier, der „vor Angst erblaßt war". Er erklärte Grant, daß seine Armee zerschlagen worden sei. General Lew Wallace beschrieb die Szene: „Sein Gesicht errötete leicht. Er ballte die Faust und zerknüllte die Papiere in seiner Hand. Doch schon einen Augenblick später verschwanden diese Anzeichen von Enttäuschung oder Zögern. In seiner gewohnten Stimmlage sagte er: ‚Meine Herren, die Position rechter Hand muß zurückerobert werden.' Damit wendete er sein Pferd und galoppierte davon."

In seinen Memoiren setzte Grant die Geschichte fort: „Ich wandte mich an Colonel J. D. Webster aus meinem Stab und sagte: ‚Einige unserer Männer sind recht demoralisiert. Beim Feind muß es jedoch noch schlimmer aussehen, denn er hat versucht auszubrechen, mußte sich jedoch zurückziehen. Wer jetzt zuerst angreift, wird siegreich sein. Der Feind muß sich sehr beeilen, um mir zuvorzukommen.' Ich entschloß mich, den Angriff sofort zu beginnen. Mir war klar, daß wir nur auf geringen Widerstand treffen würden, wenn wir angriffen, bevor der Gegner seine Truppen neu verteilen konnte. Ich wies Colonel Webster an, den Männern, an denen wir vorbeiritten, zuzurufen: ‚Sofort durchladen und in Reihen aufstellen. Der Feind versucht auszubrechen, und das muß verhindert werden.' Dies wirkte wie ein Wunder. Die Männer warteten nur darauf, daß ihnen jemand einen Befehl erteilte." Der Ausbruchsversuch aus Fort Donelson scheiterte. Am nächsten Tag wurde die Festung übergeben. Grants ruhige Zuversicht hatte seine Männer in der Krise zusammengehalten.

Ein zweites Beispiel für Grants Führungsstil zeigte sich während der Schlacht von Shiloh. Am 6. April 1862 wurde Grants Armee von etwa 40.000 Mann in Shiloh in Tennessee von einer Konföderiertenarmee gleicher Größe angegriffen. Wiederum befand sich Grant nicht am Ort des Geschehens, als der erste Angriff begann. Zunächst waren die Konföderierten absolut erfolgreich. Sie trieben Grants Truppen zurück und überrannten mehrere Einheiten. Grant kehrte etwa um sechs Uhr am Morgen des Angriffs zurück.

Major General J. F. C. Fuller analysierte Grants Maßnahmen in seinem Buch „Grant and Lee: A Study in Personality and Generalship": „Es war ein Anblick totaler Niederlage. Jeder gewöhnliche General hätte den Rückzug geplant in der Hoffnung, einen geringen Teil seiner zerschlagenen Armee zu retten. Doch Grant war kein gewöhnlicher General. Er war einer dieser seltenen und ungewöhnlichen Männer, die von einer Katastrophe gestärkt werden, statt sich von ihr entmutigen zu lassen. Er entsandte sofort Munitionslieferungen, organisierte die Reservetruppen und ritt an die Front. Zwischen sechs Uhr morgens und Einbruch der Nacht führte er 18 wichtige Operationen durch und stabilisierte seine zerschlagenen Divisionen, (bis Verstärkung eintraf)." Am nächsten Tag griff Grant an und zwang die Konföderiertenarmee zum Rückzug. Wiederum hatte seine ruhige Zuversicht die sichere Niederlage in einen Erfolg umgewandelt. General Fuller schreibt weiter: „Weit mehr durch seine furchtlose Entschlossenheit als durch seine Genialität hatte er seine Armee aus dem Schlamm gezogen."

Winston S. Churchill: Außerordentliche Visionskraft

Zielorientiertheit ist die motivierende Kraft der Leistung. Wenn Sie etwas tun, was Ihrer persönlichen Zielsetzung entspricht, sind Sie am leistungsfähigsten. Niemand kann ohne Zielorientiertheit anwenden, was er gelernt hat. Nur der treibende Ehrgeiz ernsthafter Zielorientiertheit ermöglicht es, großartige Leistungen zu vollbringen.

In Märkten mit starker Konkurrenz sind ausgeprägte Zielorientiertheit und Selbstdisziplin die entscheidenden Faktoren. Auf der unerschütterlichen Zielorientiertheit eines Führers ruht das Vertrauen der ihn umgebenden Menschen. Führungsqualität erfordert tiefe Einsicht in die menschliche Natur sowie die Fähigkeit, unterschiedliche Meinungen miteinander in Einklang zu bringen. Sie sollte Zuneigung hervorrufen, aber gleichzeitig auch das Gefühl für Dringlichkeit vermitteln können. Ein Führer sollte jederzeit Entschlußkraft zeigen, und, wenn nötig, mit Härte sein Ziel durchsetzen. Er muß in bestimmten Situationen enorme Energie aufbringen, aber immer einen kühlen Kopf bewahren. Zielorientiertheit erzeugt eine entschlossene Geisteshaltung. Entschlossenheit führt zu Standfestigkeit, Mut und Vertrauen. Sie schafft Zuversicht, Hingabe und Loyalität. Sie gewährleistet Durchhaltevermögen und den Willen zum Erfolg. Eine Organisation ohne Zielorientiertheit ist wertlos. Ist sie sich ihres Zieles bewußt, wird alles möglich.

Alle Organisationen müssen sich in periodischen Abständen weiterentwickeln und wandeln, um Gefahren überwinden und günstige Gelegenheiten ergreifen zu können. Die Art von Führung, die für erfolgreichen Wandel und erfolgreiche Weiterentwicklung erforderlich ist, unterscheidet sich von der, die in weniger schwierigen Zeiten nötig ist. Visionskraft, ausgeprägte Zielorientiertheit, Engagement und Entschlossenheit müssen den Mitgliedern einer Organisation nachdrücklich und eindeutig vermittelt werden, um die Moral auf dem erforderlichen Stand zu halten, damit die während der Perioden organisatorischen Wandels unweigerlich auftretenden Unsicherheiten und Konflikte überwunden und Wohlstand erreicht werden kann. Ein herausragendes Beispiel für Führung in einer Krise bietet Winston Churchill während der frühen Tage des Zweiten Weltkriegs.

Winston Churchills Leben war in den Augen der Öffentlichkeit äußerst widersprüchlich. Unnachgiebig nahm er Haltungen ein, die ihn häufig in Konflikt mit seiner politischen Parteiführung brachten. Im November 1931 sah sich Churchill aufgrund dessen, daß er gegen die Unabhängigkeit Indiens eingetreten war, aus dem Kreis der einflußreichen Persönlichkeiten ausgeschlossen. Er behielt seinen Sitz im Parlament, wurde jedoch aus dem britischen Kabinett entfernt. Er war 57 Jahre alt und fürchtete, sein Traum, einmal britischer Premierminister zu werden, sei zerronnen.

Zwischen 1931 und 1940, als er schließlich Premierminister wurde, sprach er im Parlament häufig über die wachsende Bedrohung, die vom nationalsozialistischen Deutschland ausging. Im Februar 1934 sagte er: „Kriege brechen plötzlich aus. Ich habe eine Zeit durchlebt, in der man ängstlich und verunsichert auf die Dinge blickte, die die Zukunft bringen würde. Und plötzlich geschah dann etwas – gewaltig, schnell, überwältigend, unbezwingbar ... Nicht eine einzige Lehre ist aus der Vergangenheit gezogen worden, nicht eine einzige von ihnen wurde angewendet, und die Lage ist heute unvergleichlich schlimmer."

Im November 1936 erinnerte Churchill die Regierung, der er immer noch nicht angehörte, erneut an die Gefahren: „Aufgrund von Versäumnissen in der Vergangenheit, angesichts der deutlichsten Warnungen, sind wir nun in eine Zeit geraten, die gefahrvoller ist als alles, was Großbritannien seit Niederschlagung der U-Boot-Kampagne widerfahren ist. Möglicherweise ist diese Periode sogar noch ernster ... Die Ära des Zögerns, der halbherzigen Maßnahmen, der beruhigenden und fehlgeleiteten Mittel, der

Verzögerungen geht zu Ende. An ihrer Stelle treten wir ein in eine Periode der Konsequenzen ... Diese Periode können wir nicht vermeiden. Wir befinden uns bereits in ihr."

Als Premierminister Neville Chamberlain im Oktober 1938 Adolf Hitlers Zusicherung aus München mitbrachte, Europa werde „Frieden in unserer Zeit" genießen, erklärte ein besorgter Churchill: „Ich werde damit beginnen, das Unpopulärste und Unwillkommenste zu sagen. Ich werde damit beginnen, das zu sagen, was jeder ignorieren oder vergessen möchte, was aber nichtsdestotrotz festgehalten werden muß, nämlich daß wir eine totale und vollkommene Niederlage erlitten haben ... Das Äußerste, was der Premierminister durch seine immensen Anstrengungen, durch seine enormen Bemühungen und durch die Qualen und Anspannung, die wir ertragen haben, erreichen konnte, das Äußerste, was er hinsichtlich der umstrittenen Angelegenheiten erreichen konnte, war, daß der deutsche Diktator sich damit zufriedengegeben hat, die Speisen Gang für Gang serviert zu bekommen, statt sie einfach vom Tisch zu schnappen."

Nachdem die deutsche Armee im September 1939 in Polen einmarschiert war, um sich dann Frankreich zuzuwenden, war die Regierung Neville Chamberlains gescheitert. Winston Churchill wurde aufgefordert, eine neue Regierung zu bilden – eine Kriegsregierung. Die Lage war schlecht. Das war jedem bewußt. Die Menschen fürchteten um ihr Land und um sich selbst. In Churchills Rede ans Parlament spiegelte sich ein aggressiver Optimismus wider, und sie vereinte das Land hinter seiner Siegesvision: „Ich sage vor dem Haus, was ich denen gesagt habe, die der Regierung beigetreten sind: ,Ich habe nichts anzubieten als Blut, Mühen, Tränen und Schweiß.' Vor uns liegen Qualen der schwersten Art. Vor uns liegen viele, viele lange Monate des Kampfes und des Leids. Sie fragen mich, welche Strategie ich habe? Ich sage Ihnen: Sie besteht darin, Krieg zu führen – zu Wasser, auf dem Lande und in der Luft, mit all unserer Macht und mit all der Kraft, die uns Gott geben kann. Sie fragen, welches Ziel ich habe? Das kann ich in einem Wort beantworten: Sieg. Sieg um jeden Preis. Sieg trotz aller Schrecken. Sieg, wie lang und schwer der Weg auch sein mag. Denn ohne Sieg gibt es kein Überleben."

Seine beste Rede vor dem Unterhaus hielt Churchill wahrscheinlich nach dem Rückzug aus Dünkirchen und der Niederlage Frankreichs im Juni 1940. Ein Parlamentsabgeordneter glaubte, die Rede sei „tausend Gewehre und alle Reden in tausend Jahren wert gewesen". Churchill war tief berührt, als er sagte: „Ich bin voll der Zuversicht, wenn jeder seine Pflicht tut, wenn nichts vernachlässigt wird und wenn die besten Vorkehrungen getroffen werden, dann werden wir uns aufs neue beweisen, daß wir in der Lage sind, unsere Inselheimat zu verteidigen. Wir werden den Sturm des Krieges überstehen und die Bedrohung der Tyrannei überdauern, wenn nötig über Jahre, wenn nötig allein ... Wir werden nicht nachgeben oder unterliegen. Wir werden bis zum Ende gehen. Wir werden in Frankreich kämpfen. Wir werden auf den Meeren und Ozeanen kämpfen. Wir werden mit wachsender Zuversicht und wachsender Kraft in der Luft kämpfen. Wir werden unsere Insel verteidigen, wie hoch der Preis dafür auch sein mag. Wir werden auf den Stränden kämpfen. Wir werden auf den Landebahnen kämpfen. Wir werden auf den Feldern und in den Straßen kämpfen. Wir werden in den Bergen kämpfen. Niemals werden wir kapitulieren ..."

Stellen Sie sich einen Augenblick vor, welchen erhebenden Eindruck diese positiven Worte der Unbeugsamkeit auf Herz und Verstand des britischen Volkes in dieser Krisenzeit gemacht haben. In Kriegswirren kann der Sieg nicht allein durch eine Vision errungen werden. Ebensowenig die Rendite im Geschäftsleben. Doch wenn eine Führungskraft ihre Vision ernsthaft vermittelt, können Männer wie Frauen motiviert werden, und das ist der Schlüssel zum Gewinnen von Kriegen und zum Verdienen von Profiten!

XI
Leistung

Leistung: Ein Führer bewertet Ergebnisse danach, ob sie den Bedürfnissen seiner Untergebenen entsprechen oder nicht. Erfolgreiche Ergebnisse sind die Grundlage des Führens. Wirkungsvolle Maßnahmen sind die Basis für erfolgreiche Ergebnisse. Die Elemente wirkungsvoller Maßnahmen sind: Entscheidungsfreudigkeit, Entschlossenheit, Energie, Unkompliziertheit, Ausgeglichenheit und günstige Gelegenheit.

Robert E. Lee: Strategische Grundsätze

Erfolge werden nur durch Vitalität, Entscheidungsfreudigkeit und unerschütterliche Entschlossenheit erzielt. Man darf weder zögern noch versuchen, sich durchzulavieren. Ein wahrer Führer stellt seine Qualitäten in der Überwindung von Widrigkeiten, wie schwerwiegend sie auch sein mögen, unter Beweis. Handeln läuft in drei Stufen ab: (1) die Handlungsentscheidung, die auf einer Analyse der Situation beruht; (2) Planung und Vorbereitung der Handlung; (3) die Handlung selbst. Auf allen drei Stufen kommt die Entschlossenheit des Führers zum Tragen. Handlungsfähigkeit wurzelt in Entschlossenheit, daher ist sie für einen guten Führer wichtiger als Intellekt. Intellekt ohne Entschlossenheit ist wirkungslos. Entschlossenheit ohne Intellekt kann jedoch gefährlich sein. Im Wettbewerb besteht ständig die Gefahr des Verlusts. Wir müssen uns zwischen dem möglichen Verlust durch Untätigkeit einerseits und dem Gewinn und Risiko des Handelns ande-

rerseits entscheiden. Der wichtigste Faktor bei der Entscheidungsfindung liegt darin, die Notwendigkeit für ein Handeln im richtigen Moment zu erfassen. Der Planung muß eine wirksame Umsetzung folgen. Die Umsetzung ist eine Angelegenheit von Energie und Initiative. Eine Führungskraft benötigt am dringendsten eine ausgeglichene Kombination von praktischer Intelligenz und Energie. Was geplant wurde, muß ausgeführt werden. Ein Führer sollte sich darüber im klaren sein, daß von ihm ebensoviel Energie wie intellektuelle Fähigkeiten gefordert wird. Sensationelle Erfolge werden in den meisten Fällen eher durch Energie als durch Intellekt erzielt.

General Robert E. Lee, der Befehlshaber der konföderierten Truppen in Nord-Virginia im amerikanischen Bürgerkrieg, gilt als einer der größten Führer der Geschichte. Während der gesamten vier Jahre, in der seine Armee bestand, war sie zahlenmäßig unterlegen, unzureichend bewaffnet und unterversorgt. Dennoch zwangen Lees Truppen die Unionsarmee zu einem dreijährigen Stillstand. Sie waren eine kontinuierliche, reale Bedrohung der Sicherheit Washingtons und gaben den konföderierten Staaten daher bis zum letzten Kriegsjahr eine reale Möglichkeit, die Unabhängigkeit zu erringen. Die Strategie, die Lee anwandte, um allen Widrigkeiten zum Trotz Erfolge zu erzielen, läßt sich in vier Grundsätzen zusammenfassen:

1. hohe Moral,
2. akkurate und pünktliche Information,
3. günstige Gelegenheit und Überraschung,
4. erfolgreiche Durchführung.

1. Hohe Moral. Die Armee von Nord-Virginia, wie Lees Truppen genannt wurden, bestand aus Männern, die überzeugt waren, für ihre politische und persönliche Freiheit zu kämpfen. Sie waren auf individueller Ebene hochmotiviert, besonders zu Beginn des Krieges. Lee war trotz der Perioden großer physischer Belastungen und Niederlagen imstande, ihren Kampfgeist mehrere Jahre lang wachzuhalten. Dies gelang ihm durch eine Kombination aus vier Faktoren. Erstens glaubte Lee selbst, für die richtige Sache zu kämpfen. Er war überzeugt, im Recht zu sein, und vermittelte dies seinen Männern durch unerschütterliche Zuversicht und entschlossenes Handeln. Zweitens behandelte Lee seine Männer fair und gerecht. Ständig ermutigte er sie in ihren Versuchen, Erfolge zu erringen. Wenn sie scheiterten, bedachte er die jeweiligen Persönlichkeiten, ihre Ziele und die Situation, in der sie sich befanden. Wenn Leute Erfolg hatten, gab er ihnen die volle Anerkennung dafür. Dies hatte zur Folge, daß seine Männer keine Angst hatten, die Initiative zu ergreifen. Drittens opferte Lee seine Männer nur, wenn es unbedingt erforderlich war, und vernachlässigte niemals ihre physischen Bedürfnisse. Wenn er einen Angriff befahl, wußten sie, daß ein Angriff erforderlich war. Wenn Nahrungsmittel vorhanden waren, erhielten die besten davon seine Leute. Lees Stab führte im Feld kein besseres Dasein als die einfachen Soldaten. Lee ging vorsichtig mit der physischen Leistungsfähigkeit seiner Armee um. Er wußte, daß er vier Tage harten Kampfes von ihnen erwarten konnte, doch am fünften Tage brauchten sie Ruhe. Er stellte sicher, daß es die Möglichkeit zur Ruhe gab. Viertens, und dies ist vielleicht das wichtigste, Lee gewann Schlachten. Die Männer waren überzeugt, daß Lee wußte, wie man siegt. Und Sieg war und ist nun einmal für Soldaten die beste Möglichkeit, am Leben zu bleiben.

2. Akkurate und pünktliche Information. Lee baute in ganz Virginia ein Netz aus Spionen und Informanten auf. Er wußte genau, wo sich die Unionsarmee befand, bzw. wenn sie sich bewegte, erfuhr er umgehend davon. So war er jederzeit in der Lage, Schwächen der Unionsarmee auszunutzen. Pünktliche, akkurate Informationen ersetzten den Mangel an Truppen und Nachschub.

3. Günstige Gelegenheit und Überraschung. Lee errang seine Siege, indem er günstige Gelegenheiten erkannte und den Gegner überraschte. In der Geschichte des Krieges gehört der Sieg in der Regel der größeren, besser versorgten und besser ausgerüsteten Armee, es sei denn, strategische Faktoren machen diese Vorteile zunichte. Lee hatte zu keinem Zeitpunkt die größere und besser versorgte bzw. ausgerüstete Armee. Diese Mängel glich er aus, indem er die Unionsarmee durch rasche, unerwartete Bewegungen überraschte. Eine solche Strategie erfordert viel Selbstdisziplin und Geduld. Lee unterschätzte seine Gegner nie. Er ging immer davon aus, daß ihre Pläne gut durchdacht waren und funktionieren würden, wenn keine unvorhergesehenen Ereignisse oder Fehler auftraten. Lee wußte jedoch, daß unvorhersehbare Ereignisse und Fehler bei der Ausführung in der Schlacht unvermeidlich waren. Geduldig wartete er, bis ihm Zufall oder ein Fehler des Gegners einen strategischen Vorteil verschafften. Dann handelte er umgehend, um seinen Vorteil auszunutzen. Dadurch konnte er scheinbar aussichtslose Situationen in entscheidende Siege verwandeln.

4. Effektive Durchführung. Lee beobachtete Temperament und Talente seiner Männer genau. In schwierigen Situationen ist es wichtig, daß ein Führer die Anforderungen der Aufgabe mit dem Temperament und den Talenten der Leute abstimmt, die mit der Durchführung betraut werden. Einige Aufgaben sind besser für offensive Offiziere geeignet, andere für Leute mit einem defensiven Charakter. Ist die Situation kritisch, kann das Temperament des einzelnen, der das Kommando hat, das Ergebnis der Ereignisse erheblich beeinflussen. Lee versuchte immer, Leute und Einheiten dort einzusetzen, wo sie den größten Nutzen bringen würden. Er hatte ein sehr gutes Gespür für das Durchhaltevermögen und die Leistungsfähigkeit seiner Männer, sowohl im Angriff als auch bei der Verteidigung. Indem er ihre Stärken maximierte und ihre Schwächen verringerte, gelang es ihm, gewagte Pläne mit der niedrigsten Anzahl an Leuten und dem geringsten Aufwand an Munition und Ausrüstung erfolgreich auszuführen.

Interessant ist die Feststellung, daß Lee immer siegreich war, wenn er die Gelegenheit hatte, genau seinen Prinzipien zu folgen. Zwei Schlachten – Chancellorsville und Fredericksburg – wurden zu gewaltigen Siegen der Konföderierten, weil Lee die Möglichkeit hatte, Strategien zu planen und durchzuführen, die den besten Nutzen aus den Stärken der Südstaatenarmee zogen. Es ist daher keine Überraschung, daß es zu Lees größtem Fehlschlag – Gettysburg – kam, als er seinen eigenen strategischen Grundsätzen nicht folgen konnte oder, je nachdem wessen Version der Schlacht herangezogen wird, wollte. In Gettysburg hatte seine Armee noch eine gute Kampfmoral, aber es mangelte an Informationen, Gelegenheiten, Überraschungen und an der Durchführung.

George Washington: Unerwartete Taktiken

Wahre Erfolge sind nur möglich, wenn die Manager einer Organisation energisch, verantwortungsbereit und entschlußfreudig sind. Sie müssen den Willen zur profitablen Durchführung von Aufgaben vermitteln können, und sie müssen in der Lage sein, Entschlossenheit, scharfes Urteilsvermögen und Beherrschtheit auch in Streßsituationen zu beweisen. Kühne Entscheidungen haben die besten Erfolgsaussichten. Doch es muß zwischen kühner Entscheidung und reinem Wagnis unterschieden werden. Auch wenn eine kühne Entscheidung nicht zum Erfolg führt und in einem Fehlschlag endet, so verbleiben noch genügend Ressourcen, um jede sich ergebende Situation zu bewältigen. Ein reines Wagnis andererseits ist eine Entscheidung, die entweder zum absoluten Erfolg oder zum totalen Fehlschlag führen kann. Auch ein Wagnis kann, und muß gelegentlich gerechtfertigt werden, jedoch nur, wenn die Umstände keine Alternative gewähren. Kein Element des Erfolgs ist wichtiger als die Fähigkeit, sich Zufälle zunutze zu machen. Ein Manager sollte sich zwar an vernünftige Managementprinzipien halten, doch niemals die Gelegenheit versäumen, von einem Zufall zu profitieren. Dies zeichnet ein Genie aus. In den Konkurrenzsituationen des Geschäftslebens gibt es immer zumindest einen günstigen Augenblick. Die große Kunst besteht darin, ihn zu erkennen und zu nutzen.

Jede Führungskraft muß irgendwann ihre Leistungsfähigkeit unter Beweis stellen. Ob den Bedürfnissen ihrer Untergebenen entsprochen wird, besonders jenen, denen ohne einen Führer nicht

Genüge getan werden kann, daran zeigt sich am Ende der Wert wahrer Führerschaft. George Washington wurde als Oberbefehlshaber der Kontinentalarmee im amerikanischen Unabhängigkeitskrieg vom Kongreß die Verantwortung übertragen, eine Strategie für den Sieg auszuarbeiten und diese Strategie durch wirkungsvolle Taktiken umzusetzen. Zur Zeit des Aufstands der Kolonien war England die mächtigste Nation der Welt. Englands Ressourcen waren im Vergleich zu denen der 13 Kolonien buchstäblich unerschöpflich. Sowohl hinsichtlich der Truppenstärke als auch der Bewaffnung war Washington unterlegen. Seine Armee bestand aus Jägern und Fallenstellern aus dem Grenzland, Farmern, Händlern und Glücksrittern, während die Briten über ausgebildete professionelle Soldaten verfügten. Viele seiner Berater wollten einen äußerst aggressiven Krieg führen, doch Washington wußte, daß die Kontinentalarmee nicht direkt gegen die britische Armee antreten und siegen konnte. Wenn Washington andererseits den von dem Aufstand ausgelösten Enthusiasmus wachhalten wollte, mußte er eine Art von Sieg erringen, oder er würde ersetzt werden. (Es gab genügend andere „patriotische" Generale, die glaubten, die Armee ebensogut oder gar besser führen zu können als Washington.) Ungeachtet der Risiken oder Schwierigkeiten mußte Washington Zuversicht in die Siegesfähigkeit der Armee erzeugen. Es war unbedingt erforderlich, daß unter dem Strich etwas herauskam.

Im Dezember 1776 sah die Lage für einen erfolgreichen Feldzug nicht sehr vielversprechend aus. Die Schlachten, die im Sommer und Herbst 1776, dem zweiten Kriegsjahr, geschlagen wurden, waren für Washington katastrophal ausgegangen. Zwar konnte die britische Armee die Kontinentalarmee nicht aufreiben, doch in den Schlachten, zu denen es kam, wurden die Continentals unter Washingtons Oberbefehl schwer geschlagen. Die Kampfmoral der Armee war extrem niedrig. Die Dienstzeit eines großen Teils seines Heeres lief am 1. Januar aus, und Washington hatte jeden Grund zur Besorgnis. Er erkannte, daß er, wenn er weitere Aktionen bis zum Frühjahr verschieben sollte, durchaus seine Stellung als Oberbefehlshaber verlieren könnte und möglicherweise sogar den Krieg. Washington entschied sich also statt dessen, etwas Unerwartetes zu versuchen.

Die britische Armee in New Jersey wurde an verschiedenen Standorten im gesamten Staat in Garnison gelegt, um die Bevölkerung zu kontrollieren. Eine dieser Garnisonen mit zwei- oder dreitausend hessischen Söldnern, die zur damaligen Zeit als die besten Soldaten galten, die man für Geld kaufen konnte, befand sich in Trenton. Washington griff auf seine Erfahrung mit erfolgreichen Taktiken der Indianer im Britisch-Französischen Krieg zurück und entschloß sich, in einem Überraschungsangriff gegen die Garnison in Trenton vorzugehen. Der Plan sah vor, den Delaware zu überqueren und am ersten Weihnachtstag 1776 neun Meilen nach Trenton zu marschieren, um die Hessen unvorbereitet zu treffen. Trotz des schlechten Wetters funktionierte der Plan. Der Angriff kam völlig unerwartet, und über neunhundert Hessen wurden gefangengenommen. Nicht ein einziger Amerikaner fiel in der Schlacht. Der Sieg der Amerikaner über die besten Söldnertruppen Europas schockierte die ganze Welt. Zum ersten Mal hielten es sowohl die Amerikaner als auch die Europäer für möglich, daß Washingtons Armee am Ende siegreich sein könnte. Im selben Augenblick stieg die Kampfmoral beträchtlich.

Knapp eine Woche später war Washington von britischen Truppen eingeschlossen. Der britische Befehlshaber, Lord Cornwallis, hatte es darauf abgesehen, für die Verluste in Trenton Rache zu nehmen und wieder die Oberhand zu gewinnen. Washingtons Truppen waren zwischen einem unüberquerbaren Fluß und den britischen Truppen eingeschlossen. Die Briten entschieden, ihren Truppen eine Nacht Ruhe zu gönnen, und die gefangene Kontinentalarmee am Morgen anzugreifen. Dieses Vorgehen war in europäischen Armeen üblich. Zum Unglück der Briten schlichen sich die Amerikaner während der Nacht in kleinen Gruppen aus dem Lager und ließen nur ein paar Männer zurück, welche die Lagerfeuer am Brennen halten sollten, damit der Eindruck entstand, die Armee sei noch dort.

Doch Washington zog sich nicht mit seiner Armee zurück. Statt dessen ließ er sie hinter Cornwallis' Streitmacht wieder zusammentreten, rieb die britischen Truppen auf und eroberte den militärischen Nachschub. Dann marschierte er die Halbinsel von New Jersey hinauf und zog sich in eine starke Verteidigungsposition in Morristown zurück.

Die Briten waren völlig überrascht von diesem Manöver, denn es wäre ihrer Armee unmöglich gewesen, sich bei Nacht so schnell und leise zu bewegen. Außerdem hätten die Briten ein solches Manöver niemals ohne eine gesicherte Nachschublinie unternommen. In der Folge waren die Briten gezwungen, sich nach New York City zurückzuziehen und New Jersey aufzugeben.

Diese beiden unter großem Risiko errungenen Siege schufen die Grundlage für den Sieg im Unabhängigkeitskrieg. Sie gaben den Menschen Vertrauen in ihre Armee. Washingtons Führungsrolle war gefestigt, und obwohl ihm Valley Forge und andere politische und militärische Schwierigkeiten noch bevorstanden, war er nun zuversichtlich, daß seine Armee überleben und in der Schlacht siegreich sein konnte.

XII
Verantwortlichkeit

Verantwortlichkeit: Ein Mensch mit Führungsqualität akzeptiert die Aufgaben und Verpflichtungen, die sich aus seiner Vertrauens- und Machtposition ergeben. Die wichtigsten dieser Verpflichtungen sind klares Verstandesdenken, entschlossenes Handeln sowie bedingungsloses Wahren der Interessen seiner Untergebenen. Ein wahrer Führer steht für die Folgen seiner Entscheidungen und Maßnahmen gerade und trägt die Konsequenzen zusammen mit seinen Untergebenen.

Lawrence von Arabien: Schwierige Entscheidungen treffen

Verhalten Sie sich anderen gegenüber immer so, wie Sie selbst behandelt werden wollen. Egal, wie fähig eine Führungskraft in technischen Dingen ist, wenn sie das Vertrauen ihrer Untergebenen verliert, wird sie unweigerlich scheitern. Entschlossenes Führen ist von entscheidender Bedeutung für den Erfolg, und dies ist nirgends so wichtig wie auf der Ebene der Betriebsleitung. Führungskräfte, die entmutigt werden, wenn die Dinge einmal nicht so gut laufen, und denen es an Antriebskraft fehlt, eine Sache durchzuführen, und an der Entschlossenheit, ein Vorhaben zu Ende zu führen, bringen keinen Nutzen. Schlimmer als das – sie sind eine Belastung, denn mangelnde Antriebskraft und Entschlossenheit beeinträchtigen rasch die Moral der Angestellten. Führen bedeutet vor allem, einen kühlen Kopf bewahren, das heißt, Informationen unvoreingenommen zu verarbeiten und die Auswirkungen auf die gegebene Situation korrekt einzuschätzen. Zwei Eigenschaften müssen die kühle Analyse begleiten. Die erste ist Entschlossenheit. Ohne Entschlossenheit haben andere Eigenschaften wenig Wert. Die zweite ist Intelligenz. Wer die Führung übernimmt, sollte ein Talent dafür besitzen, aus jeder Situation einen Vorteil zu ziehen, und in der Lage sein, angesichts von Hindernissen in unerwarteter, aber angemessener Weise zu improvisieren. Er sollte die Absichten anderer ergründen und dabei seine eigenen für sich behalten können.

Eine Führungskraft muß für ihre Untergebenen oft schwere Entscheidungen treffen. Außerdem kann es die Verantwortung einer Führungskraft erforderlich machen, daß sie die Entscheidungen selbst umsetzt, ungeachtet persönlicher Risiken oder emotionaler Konsequenzen. Zwei Episoden aus dem Leben des Oberstleutnant T. E. Lawrence (Lawrence von Arabien), der im Ersten Weltkrieg mit der arabischen Armee einen Guerillakrieg gegen die Türken führte, illustrieren diesen Aspekt von Führen und Verantwortungsbewußtsein. (Anmerkung des Verfassers: Der außerordentlich populäre Film „Lawrence von Arabien" aus den sechziger Jahren schildert Lawrences Abenteuer während dieser Zeit und möglicherweise auch die Emotionen, die er auslöste, im wesentlichen korrekt. Historisch betrachtet, ist der Film jedoch ungenau. Die unten beschriebenen Episoden werden im Film dargestellt, jedoch nicht so, wie sie sich in Wirklichkeit zugetragen haben. Ich habe als Quellen für meine Darstellung T. E. Lawrences eigene Beschreibungen verwendet.)

Während des Krieges war es für Überfälle und andere Militäraktionen gelegentlich erforderlich, Gruppen zu bilden, deren Mitglieder verschiedenen arabischen Stämmen angehörten. In jenen Tagen befanden sich verschiedene Stämme in Blutfehde mit anderen, so daß Angehörige derselben Armee aufgrund ihrer Stammeszugehörigkeit Gegner waren. Eines Tages gerieten zwei Männer wegen einer Blutfehde in Streit, in dessen Verlauf der eine der beiden erschossen wurde. Die Araber um Lawrence forderten, daß der Gerechtigkeit umgehend Genüge getan werde solle, was die Hinrichtung des Todesschützen bedeutet hätte. Die einzige Schwierigkeit bestand darin, daß jede Hinrichtung eines Arabers durch eine Person, die nicht seinem Stamm angehörte, wiederum zu einer neuen Fehde führen würde. Das hätte die Gruppe auseinandergerissen und die ganze Mission gefährdet. Es blieb nur Lawrence selbst über, der die Hinrichtung hätte vornehmen können, denn er war ein Fremder und ohne Familie und befand sich damit nach arabischer Vorstellung außerhalb des Gesetzes der Vergeltung, das zwischen den Stämmen herrschte.

Lawrence schrieb später: „Plötzlich stieg in mir das Grauen auf, das jeden zivilisierten Menschen vor der Gerechtigkeit zurückschrecken ließe wie vor der Pest, gäbe es nicht den Bedürftigen, der gegen Lohn als Henker dient. Ich erklärte Hamed (dem schuldigen Araber), seine Strafe sei der Tod, und nahm die Last, ihn zu töten, auf mich selbst. Zumindest drohte denen, die mir folgten, keine Vergeltung, denn ich war ein Fremder und ohne Familie."

Lawrence führte die Exekution aus, und die emotionalen Konsequenzen waren niederschmetternd. Er schreibt weiter: „Hinterher fiel eine schlaflose Nacht über mich. Stunden vor Sonnenaufgang ließ ich die Männer schließlich aufstehen und aufladen. Sie mußten mich in den Sattel heben."

Ein anderer Vorfall ereignete sich während des Marsches auf Akaba, einen Hafen am nördlichen Ende des Roten Meeres auf der östlichen Seite der Sinaihalbinsel, gegenüber dem Suezkanal. Die Türken hatten Akaba mit gewaltigen Kanonen befestigt, die aufs Meer hinaus gerichtet waren, weil sie glaubten, Akaba könne nur vom Meer aus angegriffen werden. Es war für die Briten von großer Wichtigkeit, vor der Invasion in Palästina Akaba einzunehmen, weil der Hafen als Nachschubstelle benötigt wurde. Wäre er in der Hand der Türken geblieben, hätte er sich außerdem im Rücken der britischen Armee befunden und eine erhebliche Gefahr dargestellt. Die Briten hatten einen Angriff auf Akaba durch Landung von See aus erwogen, verwarfen diesen Plan jedoch, weil er zu hohe Verluste gefordert hätte und ein Erfolg zweifelhaft war. Die arabischen Truppen des T. E. Lawrence konnten Akaba jedoch erfolgreich von der Landseite aus angreifen, besonders falls ihnen ein Überraschungsangriff gelingen sollte.

Während des Marsches auf Akaba fiel Gasim, einer von Lawrences Gefolgsleuten, von seinem Kamel und wurde versehentlich zurückgelassen, als die Gruppe ein besonders unwirtliches Stück der Nefudwüste in Nordwestarabien durchquerte. Keiner der anderen Araber wollte sein Leben für einen „übellaunigen Fremden, der keinem von ihnen etwas wert war", riskieren. Lawrence schrieb: „Damit lastete das Problem auf meinen Schultern. Gasim war mein Mann, und ich trug die Verantwortung für ihn. Entmutigt betrachtete ich meine dahintrottenden Männer und überlegte einen Augenblick, ob ich einen von ihnen mit der Rettung beauftragen und zurückschicken könnte. Sie hätten Verständnis dafür gehabt, daß ich mich vor meiner Verantwortung drückte, weil ich ein Fremder war. Doch dies war genau der (Grund), warum ich es nicht zu tun wagte. Es wäre mir jede Möglichkeit genommen, Einfluß auf die Araber auszuüben, wenn ich mich nicht an ihre Regeln hielte. Ohne ein Wort wendete ich also mein störrisches Kamel und drängte das grunzende, ächzende Tier zurück in die Leere hinter uns. Ich fühlte mich keineswegs wie ein Held, sondern war sehr verärgert über Gasim, einen brummigen Kerl mit Zahnlücken, der ständig schlecht gelaunt, mißtrauisch und brutal war. Es erschien absurd, daß ich meinen Beitrag zum Krieg in Arabien für einen einzigen wertlosen Mann gefährden sollte ..."

Lawrence rettete Gasim schließlich und sicherte sich damit den Respekt der Araber und ihrer Anführer. Wenige Tage später wurde Akaba von nicht einmal sechshundert Arabern auf Kamelen und Pferden ohne Verluste von der Landseite eingenommen, von wo aus die Türken keinen Angriff erwartet hatten.

Dwight D. Eisenhower: Wege zum Sieg

Führen ist kein Vorrecht, sondern eine Verantwortung. Macht und Stellung werden Ihnen nur anvertraut, damit Sie Ihren Unterge-

benen besser dienen können. Sie sind Ihnen nicht gegeben worden, damit Sie Ihre persönlichen Eigenarten ausleben können. Zur Entwicklung seiner Fähigkeit, andere zu beeinflussen, praktiziert ein Führer folgendes: Er schafft Respekt und Korpsgeist. Er stärkt Vertrauen und Loyalität. Er fördert Zuversicht und Zielorientiertheit. Ein erfolgreicher Führer ist sich seiner Fähigkeiten bewußt, ohne arrogant zu sein. Er umgibt sich mit Gleichgesinnten, bildet jedoch keine Cliquen. Innerhalb ihres eigenen Betriebs verhält sich eine verantwortungsbewußte Führungskraft ihren Vorgesetzten gegenüber respektvoll und im Umgang mit Untergebenen zurückhaltend. Im Kontakt mit Außenstehenden ist sie ruhig und selbstsicher, doch sie ist vorsichtig, wenn sie das Wort ergreift. Bei der Zusammenarbeit mit Angestellten der unteren Ebene wählt eine erfolgreiche Führungskraft einen angenehmen und wirkungsvollen Umgangston. Arbeitet sie mit Leuten, die in der Organisation höher stehen, verhält sie sich höflich und unprätentiös. Wird sie vor die Unternehmensleitung gerufen, ist sie selbstbewußt, aber förmlich. Was mit der Stärke der Persönlichkeit erreicht werden kann, ist begrenzt. Verhalten und Erscheinung erzeugen nur dann langfristigen Respekt, wenn eine Führungskraft in der Lage ist, ihre Aufgaben zu erfüllen. Führungsqualität zeigt sich in der Fähigkeit, klar zu denken und hart zu arbeiten, nicht in einer attraktiven Erscheinung.

Anfang 1940 war Dwight D. Eisenhower ein fast fünfzigjähriger Oberstleutnant der US-Armee. Seiner persönlichen Einschätzung nach waren seine Aussichten für eine Beförderung zum Brigadegeneral „gleich null". Doch nur zwei Jahre später war er zum Vier-Sterne-General befördert worden und hatte das Kommando über die größte Invasionsstreitmacht aller Zeiten. Ikes Aufstieg als „meteorenhaft" zu beschreiben, wäre eindeutig untertrieben. Rückblickend ist es für uns heute leicht, seine rasche Beförderung angesichts seiner Erfolge als Oberbefehlshaber der Alliierten Truppen zu rechtfertigen. Doch woran hatten sich die Männer orientieren können, die für seine Beförderung verantwortlich waren? Nach welchen Faktoren richteten sich General George C.

Marshall, der Stabschef der Armee, und Präsident Franklin Roosevelt, als sie Eisenhower aus den Reihen von gleichermaßen qualifizierten Offizieren auswählten, die zur Verfügung standen? Es waren vier Faktoren, die Eisenhower vor den anderen auszeichneten und auf seine herausragende Fähigkeit zur Menschenführung – und damit zur Erfüllung der Aufgabe – schließen ließen.

Erstens hatte sich Eisenhower auf die Herausforderung vorbereitet. In den zwanziger Jahren hatte er unter Generalmajor Fox Conner in Panama gedient. Conner war ein außerordentlich fähiger und kenntnisreicher Offizier. Er war während des Ersten Weltkriegs General Pershings Einsatzoffizier in Frankreich gewesen. Conners Geschichtsstudien führten ihn zu der Annahme, daß ein weiterer Krieg mit Deutschland unvermeidlich sei. Er war der Meinung, dieser Krieg würde von einer Koalition westlicher Alliierter geführt und könne nur gewonnen werden, wenn die Westalliierten unter einem Kommando stünden. Eisenhower nahm sich Connors Überzeugungen zu Herzen und arbeitete an sich, um zu einem Führungsoffizier in diesem Kommando zu werden. So studierte er Bücher über Luxemburg, Belgien und die Niederlande. Als ihn ein Kollege fragte, warum er diese Bücher besitze, antwortete er, in diesen Ländern werde „der kommende Krieg stattfinden, und ich habe vor, mehr über sie zu wissen, als jeder andere".

Zweitens bestand er den Eignungstest auf persönlicher Ebene. Ein Vorgesetzter beschrieb Eisenhower einmal als „(einen) Mann mit großer visionärer Kraft, fortschrittlichen Ideen, umfassendem Verständnis der Vielzahl von Problemen beim Führen einer Armee und viel Initiative und Einfallsreichtum". General Douglas MacArthur bezeichnete Eisenhower, der in den dreißiger Jahren als sein Adjutant auf den Philippinen gedient hatte, als den besten Offizier in der Armee. Es war jedoch General George Marshall, der Eisenhower für das Kommando in Europa auswählte. In seiner Biographie „Eisenhower" schrieb Steven Ambrose über Marshalls Entscheidung: „Sechs Monate lang führte (Marshall) täglich oft stundenlange Gespräche mit Eisenhower. Er hatte ihm große Verantwortung und einen breiten Aufgabenbereich übertragen. Eisenhower enttäuschte ihn kein einziges Mal. Marshall gefiel Eisenhowers Bereitschaft, Verantwortung zu übernehmen, und besonders seine offensive Haltung, seine ruhige Zuversicht, daß die Alliierten erfolgreich in Frankreich einfallen könnten, wenn sie die Anstrengung gemeinsam unternähmen ... Der Hauptfaktor in Marshalls Überlegungen war jedoch einfach und direkt. Marshall äußerte sich nach dem Krieg über Eisenhowers Ernennung mit den Worten: ‚Hätte er nicht die erwartete Leistung erbracht, wäre er nicht befördert worden.'"

Drittens hatte Eisenhower ein klares Verständnis von den Anforderungen, die in Kriegszeiten an die Führung gestellt werden. Ambrose schreibt dazu: „Eisenhower spürte, daß die Armee starke, belastbare, effiziente, hart arbeitende Offiziere benötigte, um den Anforderungen gerecht zu werden ... Es gab zu viele Offiziere, die in Friedenszeiten gute, ja sogar brillante Arbeit geleistet hatten, aber unter Kriegsbedingungen nicht geeignet waren. Sie waren mit der physischen oder geistigen Belastung der Kampfsituation überfordert. Einer der Gründe dafür, daß Eisenhower seine Einheit solchen Härten aussetzte, bestand darin, daß er herausfinden wollte, welche seiner Offiziere logische Entscheidungen treffen und die Durchführung ihrer Befehle durchsetzen konnten, nachdem sie tagelang kaum Schlaf oder warmes Essen bekommen hatten und dem ständigen Streß ausgesetzt waren, Entscheidungen treffen und durchsetzen zu müssen."

Eisenhower war der Meinung, bestimmte Eigenschaften machten Leute für hohe Kommandopositionen ungeeignet. Er schrieb: „.... in ausgedehnten und erbitterten Kriegen ... enden diejenigen auf dem Knochenhaufen ..., die sich mit kleinlichen Eifersüchteleien, persönlichen Feindseligkeiten und dergleichen abgeben. Nach oben gelangt, wer sich eher darum kümmert, seinen Job zu machen, als um seine Aussichten auf Beförderung. Es sind enorme psychische Energie und Antriebskraft erforderlich, um eine große Einheit auf ein hohes Trainingsniveau zu bringen. Das gelingt nur Leuten mit ausgezeichneter professioneller Ausbildung und unerschütterlicher Entschlossenheit. Oft werden militärische

Fähigkeiten und Charakterstärke, die in hohen Militärpositionen erforderlich sind, durch negative Eigenschaften beeinträchtigt. Die häufigsten und schädlichsten sind ein zu vordergründiges Streben nach öffentlicher Anerkennung und der Irrglaube, Zielbewußtsein erfordere arrogante oder sogar unerträgliche Umgangsformen." Eisenhower selbst gab ein Beispiel. Er arbeitete 18 Stunden pro Tag, wenn nötig an sieben Tagen in der Woche. Wenn etwas erledigt werden mußte, tat er es umgehend, aber in einer Weise, die für die Leute um ihn akzeptabel war.

Und schließlich weckte Eisenhower in seinen Truppen und unter seinen Kollegen gute Moral, Enthusiasmus und Kooperationsbereitschaft. Ambrose schrieb dazu: „Ihm ging es um gute Moral. Er tat alles, um sie zu erhöhen und auf diesem Niveau zu halten. Er war überzeugt: ‚Amerikaner können oder wollen nicht mit maximalem Einsatz kämpfen, wenn sie das Warum und Wofür der Befehle nicht verstehen'. Wo immer er also auftrat, sprach Eisenhower mit Leuten, stellte Fragen, hörte zu, beobachtete. Er war geduldig, klar und logisch in seinen Äußerungen, wenn er seinen Offizieren und Männern erklärte, warum die Dinge auf diese oder jene Weise gemacht werden mußten. Er mischte sich in unkonventionelle Weise unter die Männer, lernte sie kennen, hörte sich ihre Beschwerden an und versuchte, wenn möglich, die Ursachen zu beheben. Er war der Überzeugung, gute Moral sei das widerstandsfähigste, aber auch das empfindlichste aller Gewächse. Sie überlebt Schocks, sogar Katastrophen auf dem Schlachtfeld, aber durch Günstlingswirtschaft, Nachlässigkeit oder Ungerechtigkeit kann sie komplett zerstört werden'." Die Leute erkannten Eisenhowers technische Kompetenz, aber zusätzlich mochten sie ihn und vertrauten ihm, weil sie ihn als fair und gerecht empfanden. Nie drohte er den Menschen in seiner Nähe oder schüchterte sie ein oder beschimpfte sie. Deshalb folgten sie ihm bereitwillig.

XIII
Wissen

Wissen: Das Fundament erfolgreichen Führens. Wissen hat drei Aspekte. Der erste, das fundamentale Wissen, beinhaltet das Studium der Naturwissenschaften, der Geschichte und der menschlichen Natur. Es ist, mit anderen Worten, die Grundlage der Kunst des Führens. Der zweite Aspekt, das strategische Wissen, betrifft das Verständnis der Bedürfnisse und Ziele sowohl der Untergebenen als auch der Konkurrenz sowie die Planung wirksamer Schritte zur Erreichung von Zielen. Der dritte Aspekt, das taktische Wissen, ist auf das Vermögen konzentriert, Gefahren und Chancen, während sie sich anbahnen, zu erkennen und durch Innovation und Improvisation innerhalb des gegebenen strategischen Rahmens rasch und angemessen auf sie zu reagieren.

Ulysses S. Grant: Dem Unbekannten ins Auge sehen

Die vorrangige Eigenschaft eines Führers ist umfangreiches Wissen. Wissen entstammt nicht der Intuition, sondern ist das Resultat von Studium und Erfahrung. Niemand wird als Führer geboren. Man muß zu einem solchen werden. Nicht ängstlich zu sein und immer ruhig zu bleiben, Verwirrung zu vermeiden, aber inmitten von Verwirrung und Chaos angemessene Entscheidungen mit einem Gleichmut zu treffen, als befände man sich im Zu-

stand völliger Entspannung – das sind die Beweise für erlangtes Wissen. Die zentrale Aufgabe bei der Leitung von Wettbewerbsoperationen besteht darin, flexibel zu bleiben. Dies ist äußerst schwierig. Besonders schwierig ist es, flexibel zu bleiben, wenn die Ressourcen begrenzt sind. Dafür muß ein Führer in hohem Maße eine bestimmte individuelle Eignung mitbringen, nämlich die Fähigkeit, mit Widersprüchen umgehen zu können. Die Verwirrung, Unklarheit und Unsicherheit in Wettbewerbssituationen müssen überwunden und die Ordnung, Klarheit und Gewißheit in ihnen aufgespürt werden. Nur so können sich anbahnende Gelegenheiten umgesetzt werden. Natürlich möchte man sich im Verlauf einer Geschäftsoperation an den ursprünglichen Plan halten, doch das ist fast nie möglich. Stellen Sie daher sicher, daß sowohl Planung als auch Ressourcen flexibel sind und sich an die Umstände anpassen lassen. Ihre Pläne sollten den nächsten Schritt voraussehen und vorbereiten, falls sich ein Erfolg, Fehlschlag oder – was meistens der Fall ist – ein Teilerfolg einstellt. Ihre persönliche Haltung und die Organisationsstruktur Ihres Betriebs müssen zulassen, daß Chancen in kürzester Zeit ergriffen oder Anpassungen an veränderte Umstände vorgenommen werden können. Aktivität liefert Informationen und schafft Gelegenheiten. Eine Führungskraft sollte ihre sorgfältig ausgearbeiteten Pläne mit so wenig Verzögerung wie möglich durchführen. Unvorhergesehene Gelegenheiten vorteilhaft zu nutzen, löst Probleme und erwirtschaftet Vermögen. Lernen Sie, von den gegebenen Umständen zu profitieren.

Eine Führungskraft muß eine Handlungsentscheidung auf der Basis der Informationen treffen, die zu dem Zeitpunkt vorhanden sind, wenn die Entscheidung erforderlich ist. In den meisten Entscheidungssituationen kann die Führungskraft nicht alles wissen, was sie wissen muß, um ein erfolgreiches Ergebnis gewährleisten zu können. Jede Entscheidung ist mehr oder weniger von Unsicherheiten umnebelt. Eine der größten Herausforderungen im Entscheidungsprozeß ist daher die Furcht vor nicht vorhersehbaren oder unbeabsichtigten Folgen. Führungskräfte können in schwierigen Situationen erst dann effizient operieren, wenn sie ihre Furcht vor dem Unbekannten bewältigt haben.

Im Sommer 1861, zu Beginn des amerikanischen Bürgerkriegs, war Ulysses S. Grant, welcher später in Virginia Robert E. Lee besiegen und zum Präsidenten der Vereinigten Staaten gewählt werden sollte, ein Oberst mit dem Oberbefehl über ein Regiment von Unionstruppen aus Illinois, seinem Heimatstaat.

Als er zum Kommandanten des 21. Illinois Infanterieregiments ernannt wurde, war fraglich, ob Grant die entsprechenden Führungsqualitäten besaß. Er hatte als junger Mann die Militärakademie West Point besucht, 1843 seinen Abschluß gemacht und unter General Zachary Taylor im Mexikanisch-Amerikanischen Krieg gekämpft. Ein großer Prozentsatz der Offiziere sowohl der Unions- als auch der Konföderiertenarmee hatte in diesem Krieg gekämpft. Zu ihnen gehörte auch Robert E. Lee. (Grant berichtete später in seinen Memoiren, er sei Lee kurz in Mexiko begegnet. Lee konnte sich jedoch nicht daran erinnern.) Grant war ein Verpflegungsoffizier gewesen und hatte nie Truppen im Kampf befehligt. Im Juli 1854 verließ er die Armee, weil er nicht von seiner Frau getrennt sein wollte. Von 1854 bis 1861 versuchte er sich erfolglos in den Sparten Landwirtschaft, Immobilien und Holzhandel. Aus Verzweiflung arbeitete er schließlich als Verkäufer im Lederwarengeschäft seines Bruders in Galena, Illinois.

Bedenkt man Grants mangelnde Erfahrung in der Truppenführung und die mangelnde Kampferfahrung seiner Truppen, so überrascht es nicht, daß ihn schon allein die Aussicht auf eine echte Schlacht ängstigte und mit Sorge erfüllte. Schließlich erhielt sein Regiment den Befehl, ein Konföderiertenlager in der Nähe der Stadt Florida in Missouri anzugreifen, das vom Konföderiertenoberst Thomas Harris befehligt wurde. In seinen Memoiren schrieb Grant: „Harris hatte in einem Flußtal lagern lassen, um nahe am Wasser zu sein. Die Hügel des Tals ragten zu jeder Seite erheblich in die Höhe, möglicherweise mehr als hundert Meter. Das Herz schlug mir immer höher in der Brust, bis es sich schließlich in meiner Kehle zu befinden schien, während wir uns der Bergkuppe näherten, von wo aus wir voraussichtlich

Harris' Lager sehen könnten, aber wo sich seine Männer auch bereits formiert haben könnten, um uns zu erwarten. Ich hätte alles gegeben, um wieder in Illinois zu sein, aber es fehlte mir an der Courage, innezuhalten und darüber nachzudenken, was nun zu tun sei. Ich schritt einfach voran. Als wir einen Punkt erreichten, von dem aus wir das Tal unter uns voll im Blick hatten, machte ich halt. Die Stelle, an der Harris vor einigen Tagen gelagert hatte, lag unter uns, und Zeichen eines vor kurzem aufgeschlagenen Lagers waren deutlich sichtbar, doch seine Truppen waren verschwunden. Mein Herz sank wieder an seinen gewohnten Platz zurück. Sofort wurde mir klar, daß Harris ebensoviel Angst vor mir gehabt hatte, wie ich vor ihm. So hatte ich die Dinge nie zuvor betrachtet, aber ich habe diesen Augenblick nie wieder vergessen. Seit diesem Vorfall empfand ich nie wieder bis zum Ende des Krieges Beklommenheit angesichts der Konfrontation mit dem Feind, obwohl ich mir jedes Mal mehr oder weniger große Sorgen machte. Ich habe nie vergessen, daß er ebensoviel Grund hatte, sich vor meinen Truppen zu fürchten, wie ich vor den seinen. Es war eine wertvolle Lektion."

Der Kommentar des Generalmajor J. F. C. Fuller in seinem Buch „Grant and Lee: A Study in Personality and Generalship" zu dieser Passage lautet: „Das Bemerkenswerte an diesem Eingeständnis ist nicht, daß Grant seine Ängste überwand und einfach voranschritt', sondern daß er seine Ängste analysierte. Einen kurzen Moment lang beherrschte ihn die Angst, dann beherrschte er die Angst, und im nächsten Moment untersuchte er, warum die Angst ihn beherrscht hatte. Indem er den Grund dafür herausfand, lernte er eine der wichtigsten Lektionen in militärischer Führung (aber auch im Führen allgemein), daß nämlich derjenige den Kampf bestimmt, der am wenigsten Angst hat. Wer bei seinem Gegner mehr Angst hervorruft, als er selbst empfindet, hat ihn bereits moralisch besiegt."

Es ist völlig natürlich, daß Entscheidungen, die unter unsicheren Bedingungen getroffen werden müssen, wie es bei den meisten Entscheidungen der Fall ist, Angst und Besorgnis verursachen. Die Fähigkeit eines Führers, trotz seiner Angst vor einem

Fehlschlag zu handeln, bestimmt seinen Erfolg oder Mißerfolg. Jeder fürchtet sich vor dem Unbekannten. Diejenigen, die „einfach voranschreiten", werden am Ende siegreich sein.

Thomas A. Edison: Führerschaft und Innovation

Was ist Wissen? Die Erkenntnis, daß Sie etwas wissen, wenn Sie es wissen, und die Einsicht, daß Sie etwas nicht wissen, wenn Sie es nicht wissen. Das ist Wissen. Streben Sie nach Erkenntnis wie ein Verdurstender in der Wüste nach Wasser – mit verzweifelter Entschlossenheit. Lernen Sie, indem Sie das Verhalten anderer beobachten. Beobachten Sie begrüßenswertes Verhalten, ahmen Sie es nach. Stoßen Sie auf ablehnenswertes Verhalten, prüfen Sie, ob Sie ähnliche Verhaltensmuster an den Tag legen, und schalten Sie sie aus. Einige Menschen behaupten, von ihren Vorfahren oder Universitätsprofessoren sei intuitive Genialität auf sie übergegangen. Wie schön für diese Glücklichen! Denjenigen unter uns, die diesen Vorzug nicht genießen, bleibt nichts anderes übrig, als sorgfältig zuzuhören und genau zu beobachten. Wissen und Erfahrung zusammen mit Studium und Reflexion werden die uns fehlende Genialität ersetzen müssen.

Der entscheidende Erfolgsfaktor des Führens in Wettbewerbssituationen ist die Anwendung von Innovationen. Sun Tzu sagt in „Die Kunst des Krieges": „Ein Mensch verwendet normale oder zu erwartende Taktiken, um dem Gegner zu begegnen. Es ist jedoch die Kraft des Unerwarteten, des Innovativen, die die Gelegenheit für den Sieg bietet." Effiziente Innovation innerhalb einer Organisation hängt von der Haltung ihrer Führungskräfte zu Fehlschlägen ab. Führungskräfte müssen Experimente fördern und unterstützen, um in den Nutzen von Innovationen zu gelangen. Erfolgreiche Innovation basiert auf experimentellen Fehlschlägen. Je mehr Toleranz es innerhalb einer Organisation für Experimente gibt, desto größer ist ihre Lernfähigkeit. Wichtige Innovationen ergeben sich weder in großen Sprüngen noch in blendenden Inspirationen. Sie entstammen vielmehr dem allmählichen Anwachsen bereits vorhandenen Wissens. Allmähliches Anwachsen von Wissen basiert auf diszipliniertem und zielgerichtetem, aber nicht verwaltetem oder kontrolliertem Experimentieren.

Die Methoden und Einstellungen Thomas A. Edisons bei der Schaffung von Tausenden von kleinen Verbesserungen und vielen wichtigen Entdeckungen sind noch heute ein herausragendes Modell für den Experimentiervorgang. 1869 zog der damals zweiundzwanzigjährige Edison von Boston nach New York, nachdem er gerade sein gesamtes Vermögen verloren hatte, indem er ein erfolgloses Produkt finanzierte, das er entwickelt hatte. Zwei Jahre später, 1871, hatte er sich ein Labor eingerichtet, in dem er an der Entwicklung neuer Produkte arbeiten konnte. Matthew Josephson schrieb in seiner Biographie „Edison":

„Wenn ihm andere ihre Geräte brachten, so lieferte er beinahe immer eigene technische Verfeinerungen oder Ideen zur Verbesserung der mechanischen Konstruktion. Während der Arbeit an diesen Maschinen hatte er bestimmte Einsichten. Durch eine Vielzahl von Versuchen wurden Materialien und Konstruktionen, die schon lange bekannt waren, auf andere Art und Weise zusammengesetzt' – und schon gab es eine Erfindung. Diese folgte gewöhnlich einer langen Periode geduldigen Beobachtens und Ausprobierens, die mit einer scheinbar ‚plötzlich' auftretenden Einsicht endete. In Wirklichkeit entstammte sie jedoch dem angesammelten technischen Wissen, das im Kopf des Forschers gespeichert war."

Der Pfad zu erfolgreicher Innovation ist kurvenreich und lang. Edison selbst schrieb: „So ging es mit all meinen Erfindungen. Der erste Schritt ist Intuition. Dies ist wie ein plötzlicher Ausbruch, doch dann treten Schwierigkeiten auf. Eine Sache nach der anderen geht daneben, während kleine Fehler und Schwierigkeiten sichtbar werden. Monate furchtsamer Beobachtung, Forschung und Arbeit sind erforderlich, bis eindeutig ein kommerzieller Erfolg oder Fehlschlag erreicht ist ... Ich mag den richtigen Grundgedanken haben und mich auf der richtigen Spur befinden, aber es sind außerdem Zeit, harte Arbeit und ein bißchen Glück erforderlich. ... Ich konstruierte eine Theorie und arbeitete an ihr, bis sie sich als unhaltbar herausstellte. Dann wurde sie verworfen, und es ergab sich eine neue Theorie. Dies war für mich der einzig mögliche Weg, ein Problem zu lösen ..." Beharrlichkeit ist der Schlüssel zum Erfolg.

Es gibt zwei große Herausforderungen für die Durchsetzung einer erfolgreichen Innovation am Arbeitsplatz. Die erste könnte man als „Das-wurde-nicht-bei-uns-erfunden"-Syndrom beschreiben. (Dieses Syndrom ist eng mit dem „Das-haben-wir-noch-nie-so-gemacht"-Syndrom verwandt.) Menschen glauben in der Regel, ihre eigene Lebenserfahrung bilde eine hinreichende Grundlage für Urteils- und Entscheidungsfindung. Je älter und erfahrener sie werden, desto mehr sind sie überzeugt zu wissen, wie die Dinge wirklich vor sich gehen. Daher haben Menschen die Neigung, Ideen abzulehnen, die nicht von ihnen stammen. Sie wollen die Sache auf die bequeme, vertraute Weise machen.

Das zweite Problem liegt im „Viele-Geister-sind-besser-als-einer"-Syndrom. Gruppendenken und Komitee-Entscheidungen in Programmen wie Total Quality Management sind ganz besonders schädlich. Komitees können keine originellen Ideen entwickeln, noch können sie mit ihnen umgehen, selbst wenn sie aus intelligenten, wohlmeinenden Menschen bestehen. Dies gilt besonders für hochgradig bürokratische Organisationen, die neue Ideen und Methoden am dringendsten brauchen.

Edisons Annäherungsweise an Innovationen durch Experimentieren hat die Glühbirne, das Grammophon und eine Vielzahl anderer Geräte geschaffen. Häufig verfolgte er mehrere Forschungslinien gleichzeitig. Sein Modell am heutigen Arbeitsplatz anzuwenden, wird ebenfalls große Vorteile schaffen. Es liegt in der Verantwortung der Führungskräfte einer Organisation, eine Atmosphäre zu schaffen, in der die Mitarbeiter ermutigt und unterstützt werden, mit Ideen zu experimentieren und aus ihren Fehlschlägen zu lernen. Auf diese Weise können Führungskräfte die unermeßliche Kraft der Innovation freisetzen.

XIV
Leiterschaft

Leiterschaft: Ein Führer versteht die besondere Natur des sozialen und moralischen Kontrakts zwischen ihm selbst und seinen Untergebenen. Der Führer ist hinsichtlich seiner Macht und auch hinsichtlich seiner Umsetzungsfähigkeit von den Geführten abhängig. Er muß sich ihnen gegenüber daher kooperativ verhalten, um gemeinsame Ziele zu erreichen. Gleichzeitig ist Führungsstärke jedoch einer der wichtigsten Faktoren, wenn nicht sogar der einzig notwendige für den Erfolg gemeinschaftlicher Unternehmungen. Einem Führer obliegt es daher, durch die angemessene Ausübung seiner Macht Ordnung und Disziplin soweit durchzusetzen, wie es für das Erreichen der Ziele erforderlich ist. Zum Teil geschieht dies dadurch, daß er ein System von Belohnungen und Bestrafungen anwendet, das von seinen Untergebenen als fair und gerecht empfunden wird.

Lawrence von Arabien: Respekt hervorrufen

Wer von sich selbst herausragende Leistung verlangt, von anderen jedoch viel weniger, wird kaum Schwierigkeiten im Umgang mit ihnen haben. Wenn Sie am Arbeitsplatz gegenseitigen Respekt und Zusammenarbeit fördern wollen, zeigen Sie sich anderen gegenüber immer höflich und rücksichtsvoll. Das Erreichen lohnenswerter Ziele wird leichter, wenn die Menschen einander respektieren und harmonisch in Teams zusammenarbeiten. Eine Führungskraft kann als wahrhaft geschickt im zwischenmensch-

lichen Umgang bezeichnet werden, wenn sie die Stärken anderer schätzt, auch nachdem sie ihre Schwächen erkannt hat. Eine herausragende Führungskraft übersieht geringfügige Verfehlungen, Irrtümer und Schwachpunkte. Das führt dazu, daß sie nur wenige Feinde hat. Kleinliche Auseinandersetzungen können den Teamgeist stören, genauso wie kleine Ärgernisse und Ungeduld große Projekte zerstören können. Entscheidend ist nicht die individuelle Kompetenz eines einzelnen, sondern die Kompetenz aller Mitglieder einer Organisation zusammengenommen. Letztere ruht auf der Zuversicht und dem Vertrauen, das jedes einzelne Mitglied in seine Gruppe setzt. Auch die schwächsten Mitglieder einer Organisation können Einfluß ausüben, wenn sie entsprechend zusammengeführt werden. Solidarität und Zuversicht unter großem Druck können nicht improvisiert werden, sondern müssen im Laufe der Zeit erlernt werden. Viele Menschen glauben, es sei die fehlerhafte Anwendung von Theorien über die Interaktion im organisatorischen Umfeld, welche zur angespannten Beziehung zwischen Managern und ihren Mitarbeitern führe. Spannungen entstehen jedoch aus einer grundsätzlichen Einstellung; es fehlt Managern und Mitarbeitern an gegenseitigem Respekt. Die Angewohnheit, Mitarbeiter von oben herab zu behandeln, ist eine der schwersten Verfehlungen, die einem Manager unterlaufen können. Es kann nicht genug betont werden, wie wichtig ein respektvoller Umgang ist. Behandeln Sie andere niemals von oben herab, nur weil Sie im Rang über ihnen stehen. Ermutigen Sie Ihre Untergebenen, das Wort zu ergreifen, und hören Sie ihnen genau zu. Es ist eine allgemeine Tatsache, daß die wertvollsten Erze im Boden verborgen sind.

Im Ersten Weltkrieg hing die Strategie der Alliierten für den Sieg über Deutschland teilweise davon ab, daß die Briten die Türken im Nahen Osten schlugen. Die arabischen Armeen gaben der Hauptarmee der Briten die erforderliche Unterstützung. Britische Offiziere, die Arabisch beherrschten, wurden der arabischen Armee als Berater zugeteilt. Einer dieser Offiziere war Hauptmann (später Oberstleutnant) T. E. Lawrence, besser bekannt als

Lawrence von Arabien. Lawrence kämpfte zusammen mit den Arabern einen erbitterten, schwierigen Guerillakrieg in der Wüste. Seine Erfolge während dieser Phase hingen zum großen Teil von seinem Verständnis der arabischen Kultur und der Fähigkeit ab, bei seinen Verbündeten Anerkennung zu finden, nämlich bei den Arabern in den kämpfenden Einheiten und den Arabern, die sie befehligten.

Im August 1917 verfaßte Lawrence eine Auflistung seiner Regeln für den Umgang mit den Arabern. Er nannte sie die „27 Artikel". Sie wurden im „Arab Bulletin" veröffentlicht, einer Art Rundschreiben, das nützliche militärische Informationen für britische Offiziere enthielt, die in der arabischen Welt kämpften. In ihrer ursprünglichen Form waren diese Ratschläge ausdrücklich an Offiziere gerichtet, die in Arabien dienten, doch jede Führungskraft wäre gut bedient, wenn sie sie befolgte, vorausgesetzt, sie hat die erforderliche Selbstdisziplin. Es folgt eine Zusammenfassung der „27 Artikel" in leicht veränderter Form für den modernen Leser:

1. Sei am Anfang vorsichtig. Ein schlechter Start ist schwer zu verkraften. Die meisten Menschen urteilen aufgrund verhältnismäßig unwichtiger Aspekte des Verhaltens und der Einstellung.
2. Lerne, soviel du kannst, über deine Verbündeten. Bring in Erfahrung, welche Sorgen, Freunde, Feinde, Ideen, Erwartungen und Neigungen sie haben. Lerne, indem du zuhörst. Sprich ihre Sprache, nicht deine eigene.
3. Respektiere die Kommandeure deiner Einheiten. Verhandle in wichtigen Dingen direkt mit ihnen, nie über deine Untergebenen.
4. Gewinn das Vertrauen deiner Anhänger und behalte es. Lehne Ideen nicht ab, aber sieh zu, daß du die Ergebnisse kontrollieren kannst.
5. Bleib mit deiner Gruppe in Verbindung.
6. Laß das Verhältnis zu deinen Untergebenen nicht zu eng werden. Entblößt du durch Vertraulichkeit deine Schwächen, wird deine Autorität unterminiert.

7. Bewege dich auf einer Ebene über derjenigen deiner Untergebenen und der Untergebenen von Gleichgestellten. Die Rangordnung ist in den meisten Organisationen wichtig, also stell dich selbst auf das höchstmögliche Niveau.
8. Die ideale Position ist die, in der du ohne Einmischung führen kannst. Werde nicht zu persönlich, stelle dich nicht heraus und sei nicht zu ernst. Bewahre dir Prestige und Kontrolle.
9. Vergrößere das Bild, das man von dir und den anderen Vorgesetzten hat. Stell sicher, daß die Verdienste von Führungskräften bekannt werden.
10. Begegne anderen Führungskräften mit Respekt. Bewahre Distanz zu Leuten unterer Rangstufen, aber sei höflich.
11. Außenseiter sind bei den Menschen in der Regel nicht beliebt. Wenn erforderlich, stelle eine Person, die von den anderen akzeptiert wird, vor dich wie ein Schild.
12. Bewahre dir unter allen Umständen deinen Humor.
13. Niemals darfst du in der Öffentlichkeit streiten oder negative Gefühle zeigen. Du könntest dich dadurch erniedrigen.
14. Menschen sind in der Regel schwer voranzutreiben, aber leicht zu leiten, wenn du Geduld mit ihnen hast.
15. Versuche nicht, zuviel selbst zu machen. Es ist besser, die Leute ihre eigene Arbeit einigermaßen gut machen zu lassen, als sie selbst an ihrer Stelle perfekt zu machen, vorausgesetzt, du wärest dazu in der Lage.
16. Ein gut angebrachtes Kompliment ist die wirkungsvollste Art, jemanden für dich zu gewinnen. Vergelte eine gute Tat immer angemessen. Schmeichle dich jedoch nicht ein, sonst werden die Leute den Respekt vor dir verlieren.
17. Kleide dich in der Weise, die deine Kunden und Vorgesetzten bevorzugen.
18. Führungskräfte sind wie Schauspieler auf der Bühne. Erfolg erfordert ständige Aufmerksamkeit für die Rolle, die du spielst.
19. Trage und verwende nur das Beste. Kleidung und Accessoires sind wichtige Zeichen von Status.
20. Nimm die Angewohnheiten derjenigen an, die du beeinflussen willst.

21. Menschen können ihre Neigungen nur schwer ablegen. Vermeide Kritik.
22. Deine Untergebenen haben ihre eigenen Methoden der Problemlösung und Schwierigkeitenbewältigung, die sie gewöhnlich aus ihrer Erfahrung gelernt haben. Nimm die besten von ihren Methoden und verknüpfe sie mit deinen besten.
23. Wenn deine Untergebenen Einwände gegen deine Vorstellungen erheben, sei sicher, daß du die Gedanken hinter diesen Einwänden vollkommen verstehst. Die Menschen sagen dir nicht unbedingt alles, was sie über die Sache denken. Geh an die Wurzel des Problems.
24. Verlange nicht von Menschen mit unterschiedlichen Philosophien, Hintergründen und Arbeitsethiken, daß sie sich effizient untereinander mischen.
25. Belasse dein Privatleben privat.
26. Wähle deine engsten Mitarbeiter sorgfältig aus. Sie spiegeln deine Urteilskraft und deinen Charakter für alle sichtbar wider.
27. Das Geheimnis der Menschenführung liegt einzig und allein im ständigen Erforschen der Menschen. Sei stets auf der Hut, sage niemals etwas Überflüssiges. Achte jederzeit auf dich selbst und deine Mitarbeiter. Höre auf alles, was vor sich geht. Erforsche, was unter der Oberfläche passiert. Lies Charaktereigenschaften, entdecke Stärken und Schwächen. Suche nach Einsichten, aber behalte für dich, was du in Erfahrung gebracht hast. Gehe vollkommen in der Sorge um deine Untergebenen auf. Laß alle anderen Interessen und Ideen beiseite außer der vor dir liegenden Arbeit. Der Erfolg, der dir zuteil wird, hängt von der geistigen Anstrengung ab, die du ihm widmest.

George Washington: Politische Weisheit

Wenn niemand die Kontrolle hat, also niemand die Führung übernimmt, kann nichts Nützliches, Herausragendes oder Rentables erreicht werden. Dies trifft auf sämtliche Aspekte des Lebens zu, besonders jedoch auf Konkurrenzsituationen im Geschäftsleben, denn dort ist die Verquickung visionärer Führerschaft und kooperativen Handelns die einzige Möglichkeit, zu günstigen Ergebnissen zu gelangen. Das wesentliche Element in Ansehung der Führerschaft ist die Tatsache, daß ein Führer mit denkenden, empfindenden Menschen zusammenarbeitet. Diese Menschen fürchten Fehlschläge und leiden unter Angst, Neid, Krankheiten und Ermüdung. Einige sind ehrgeizig, andere nicht. Einige sind kompetent, andere schwer von Begriff. Einige sind kooperativ und loyal, andere sind dagegen aufsässig und unzuverlässig. Kurzum, sie unterscheiden sich auf tausenderlei Weise. Damit sie als ein Team zusammenarbeiten, genügt es nicht, daß eine Führungskraft entscheidet, was zu tun ist, und dann die entsprechenden Anordnungen gibt. Sie muß Selbstvertrauen in denen wecken, die ihr unterstehen. Selbstvertrauen ist die Grundlage für Erfolg im Geschäftsleben: Jeder muß auf seine eigene Kompetenz und die der anderen Mitglieder seiner Gruppe bauen. Spitzenmanager, die sich über die schlechte Stimmung ihrer Mitarbeiter beschweren, erkennen offensichtlich nicht, daß die Stimmung der Mitarbeiter ihr Vertrauen in die Unternehmensführung widerspiegelt. Vertrauen in die Führungskräfte ist ein fundamentaler Bestandteil der Unternehmenskultur.

Führungskräfte müssen Weisheit entwickeln, um zu verstehen, wie sie den Gesamtbedürfnissen ihrer Untergebenen am besten dienen können. Diesen Bedürfnissen zu dienen, erfordert ein tiefgehendes Verständnis der menschlichen Natur sowie Wissen über die gegenwärtige Situation und ein gutes Gespür für die Begleitumstände und möglichen Schwierigkeiten, die mit verschiedenen Vorgehensweisen verbunden sind.

Im Januar 1777 hatte George Washington in den Hügeln um Morristown in New Jersey Lager machen lassen, nachdem er die Schlachten in Trenton und Princeton gewonnen hatte. Die Briten waren währenddessen in New York City eingeschlossen.

General Washington stand jedoch vor einem sehr ernsten Problem. Die britische Strategie für einen Sieg im Unabhängigkeitskrieg basierte darauf, nach und nach jeweils einen Teil von jeder der 13 Kolonien unter ihre Kontrolle zu bringen. Die britische Armee sollte ein Gebiet erobern, und dieses Gebiet sollte von Milizionären, die England treu geblieben waren, den sogenannten Tories, für die Krone gehalten werden. Während die Briten durch New Jersey zogen, boten sie jedem Straffreiheit an, der bereit war, England die Treue zu schwören. Die Briten glaubten, wenn die Leute erst einmal von der Bedrohung durch die Rebellentruppen „befreit" wären, würden sie wieder ihrem „natürlichen" Land, England, treu sein. Selbstverständlich trat sofort eine große Zahl von Leuten vor, um England die Treue zu schwören, damit sie ihre Häuser und Farmen behalten konnten. Doch nun, da die Kontinentalarmee die Kontrolle über New Jersey hatte, mußte Washington über das Schicksal der Leute entscheiden, die während der britischen Besetzung zu den Briten übergelaufen waren.

Verschiedene Faktoren mußten bedacht werden. Einerseits wurden die Briten als der Feind betrachtet. Die Befürworter einer harten Linie sahen die Kollaborateure daher als Verräter. Die revolutionäre Stimmung verlangte ihre Bestrafung. Andererseits benötigte Washington die Unterstützung der Menschen in der Region für die Versorgung seiner Armee und für Informationen. Seine Armee hätte nicht lange überlebt, wenn er sein eigenes Volk gegen sich aufgebracht hätte.

Washington kam zu dem Schluß, Toleranz sei die beste Vorgehensweise. Er gab bekannt, wer den Briten die Treue geschworen habe, könne im nächstgelegenen militärischen Hauptquartier vorsprechen und einen Treueeid gegenüber den Vereinigten Staaten ablegen. Dann würde alles vergeben werden. Meldete sich jemand, der den Vereinigten Staaten nicht die Treue schwören wollte, sich aber nicht am Krieg gegen die Kontinentalarmee beteiligt hatte, so sollte ihm kein Schaden zugefügt werden, und er würde zu den britischen Linien eskortiert. Außerdem sollte seine Familie ihr Land und Eigentum behalten dürfen.

Washington verfolgte mit dieser Vorgehensweise zwei Absichten. Erstens wollte er es vermeiden, Märtyrer zu schaffen. Menschen, die als Vergeltung für ihre Treueerklärung an England getötet würden, wären zum Brennpunkt antikontinentaler Gefühle geworden. Die Briten hätten sie als Beispiel für die Brutalität der Rebellen benutzt. Zweitens waren die Lebensbedingungen im von den Briten gehaltenen New York erbärmlich. Lebensmittel und Unterbringungsmöglichkeiten waren knapp und gingen hauptsächlich an die britische Armee. Den Rest, der weder reichlich noch besonders gut war, erhielten die kolonialen Tories. Außerdem behandelten die Briten die Kolonisten mit Verachtung. Die Bedingungen waren draußen auf dem Lande weit besser als in der Stadt.

Washingtons Lösung dieses Problems hatte drei Vorzüge. Erstens konnte er eine Polarisierung der Bevölkerung gegen die Ziele der Revolution vermeiden. Aufgrund seiner großmütigen Haltung konnte niemand Washington nach Ende des Krieges Grausamkeit oder Intoleranz vorwerfen. Zweitens hatten die Menschen, die bei den Briten Zuflucht suchten, unter ihren eigenen „Freunden" zu leiden. Dies überzeugte etliche von ihnen, daß ihnen die Briten letztlich überhaupt nicht freundlich gesinnt waren. Drittens stand Washington zunehmend im Ruf, gerecht und weise zu sein. Hätte er nicht aus Verständnis der menschlichen Natur und dem Wissen über die Konsequenzen seiner Maßnahmen heraus gehandelt, hätte er durchaus die Grundlage für eine spätere militärische und politische Niederlage legen können.

XV
Positives Beispiel

Positives Beispiel: Das Handeln eines Führers wird zum Modell für das Handeln der Gruppe seiner Untergebenen. Außerdem bildet die charakterliche Haltung des Führers den moralischen Maßstab für seine Führung. Die von der Führung gesetzten Standards werden zur Richtmarke für die ganze Gruppe. Die Leute, die er schätzt, werden zu seinen Bannerträgern. Der Führer wird in jeder Situation beobachtet und als Beispiel genommen. Jederzeit demonstriert der Führer durch sein eigenes Verhalten die gewünschte Verhaltensweise. Er gibt ein Beispiel, ob er will oder nicht.

Robert E. Lee: Ein Vorbild für Ruhm und Ehre

Wesentlich für einen Führer ist, daß er die Verdienste und Probleme der Untergebenen teilt. Wenn Schwierigkeiten auftauchen, dann lassen Sie nicht die Gruppe im Stich, um sich selbst zu retten. Versuchen Sie nicht, den Problemen zu entkommen, auf die Sie stoßen. Unternehmen Sie vielmehr jede Anstrengung, um Ihre Untergebenen und Partner zu schützen, und teilen Sie deren Schicksal. Wenn Sie sich so verhalten, werden Ihre Untergebenen Sie nicht vergessen. Worin besteht der wahre Prüfstein des menschlichen Charakters? Vermutlich darin, daß ein Mensch in der Lage ist, unter harten Bedingungen geduldig zu bleiben und sich weiter persönlich einzusetzen, wie entmutigend die Lage, die er und seine Verbündeten durchleben, auch sein mag. Man sollte keine Bosheit im Herzen führen. Befindet sich ein boshafter Mensch in gehobener Stellung, werden seine Untergebenen ständig untereinander verfeindet sein. Anstand ist sowohl rational als auch weitblickend, denn er gibt dem Menschen ein Gefühl der Überlegenheit und fördert die Kooperationsbereitschaft unter den Menschen. Das Handeln des Managers gleicht dem Wind, und das Handeln der Angestellten ist wie das Gras. Wenn der Wind weht, wird das Gras in die Richtung des Windes gebeugt.

General Robert E. Lees Erfolge in der Führung der Armee Nord-Virginias während des amerikanischen Bürgerkrieges sind bekannt. Er gilt als einer der großartigsten militärischen Köpfe der Geschichte. Doch Lees größter Dienst an der Bevölkerung Virginias und der Südstaaten stammt aus der Zeit nach dem Bürgerkrieg.

Die Niederlage war bitter für General Lee. Lee liebte den Sieg. Der alte Kämpfer hatte leidenschaftlich an seine Sache geglaubt – die Verteidigung des Staates Virginia. Während der Schlacht von Fredericksburg im Dezember 1862, angesichts eines der größten Siege der Konföderierten, sagte Lee zu General James Longstreet: „Gut, daß der Krieg so schrecklich ist, sonst würde er uns am Ende noch gefallen." Als er 1865 in Appomattox Courthouse erkannte, daß die Kapitulation unvermeidlich war, sagte Lee: „Es bleibt mir nichts anderes übrig, als mich mit General Grant zu treffen, und lieber würde ich tausend Tode sterben. Wie leicht wäre es, mich von dieser (Last) zu befreien und mich zur Ruhe zu legen! Ich brauchte nur die Front entlangzureiten, und schon wäre alles vorüber. Doch es ist unsere Pflicht, am Leben zu bleiben, denn was soll aus den Frauen und Kindern des Südens werden, wenn wir nicht da sind, um sie zu versorgen und zu beschützen?"

Im August 1865 bot das Washington College in Lexington, Virginia, (die heutige Washington and Lee University) Lee die Präsidentschaft der Hochschule an. Lee zögerte, die Stellung des Präsidenten anzunehmen, weil er nicht sicher war, ob er der Aufgabe gewachsen war. Außerdem fürchtete er, seine traurige Berühmtheit könne dem Ruf der Schule schaden. In einem Brief an das Kuratorium des College schrieb er:

„Wegen meines Ausschlusses aus den Amnestiebestimmungen der Erklärung des Präsidenten der Vereinigten Staaten vom 29. Mai vergangenen Jahres und aufgrund der Vorbehalte gegen meine Person in Teilen des Landes halte ich es für möglich, daß meine Übernahme der Stellung des Präsidenten Feindseligkeit gegen das College hervorrufen könnte. Damit würde ich einer Institution Schaden zufügen, deren Förderung mein höchstes Bestreben ist. Ich bin der Überzeugung, es ist im gegenwärtigen Zustand des Landes die Pflicht jedes Bürgers, alles in seiner Macht Stehende zu tun, um zur Wiederherstellung von Frieden und Harmonie beizutragen, und in keiner Weise die auf dieses Ziel gerichtete Politik des Staates oder der Regierung zu behindern. Es ist besonders die Pflicht derjenigen, die mit der Unterweisung der Jugend beauftragt sind, ein Beispiel für die Unterordnung unter die Autoritäten zu geben, und ich kann nicht zulassen, daß das College wegen meiner Person Anlaß zu Tadel gibt.

Sollten Sie jedoch eine andere Ansicht vertreten und der Meinung sein, daß meine Dienste in der mir vom Kuratorium angetragenen Position für das College und das Land von Vorteil seien, so werde ich mich Ihrem Urteil unterwerfen und die Stellung annehmen. Andernfalls muß ich das Amt mit allem Respekt ablehnen."

Das Kuratorium des Washington College bestand darauf, daß Lee die Präsidentschaft übernahm. Viele fragten sich, warum Lee gerade diese Stellung annahm. Er hatte andere Angebote erhalten, die ihn zu einem reichen Mann gemacht hätten. Es ging beispielsweise das Gerücht um, eine New Yorker Versicherungsgesellschaft habe ihm eine Million Dollar (und denken Sie daran, daß eine Million Dollar 1865 wirklich eine Million Dollar war) allein dafür geboten, seinen Namen für Werbezwecke verwenden zu dürfen. Lee lehnte dieses Angebot ab. Außerdem befand sich das Washington College aufgrund des Krieges physisch und finanziell in zerrüttetem Zustand. Andere, prestigeträchtigere Institutionen hätten Lee gern als ihren Präsidenten gehabt. Warum wählte er also das Washington College?

Er hatte den Wunsch, ein Beispiel für den Dienst an der Bevölkerung der Südstaaten zu geben, oder wie er es formulierte: „Ich habe mir selbst eine Verpflichtung auferlegt, die ich erfüllen muß. Ich habe die jungen Männer des Südens in die Schlacht geführt. Viele von ihnen habe ich unter meinem Banner fallen sehen. Nun widme ich mein Leben der Ausbildung junger Männer darin, im Leben ihre Pflicht zu erfüllen."

Lee glaubte, die geistige Befähigung seiner Studenten sei die beste Vorbereitung auf ein verantwortungsbewußtes Leben. Statt seinen Studenten, von denen viele verhärtete Veteranen des Bürgerkriegs waren, ein Regelwerk zu präsentieren, setzte er einfach die Erwartung in sie, daß sich „jeder Student jederzeit wie ein Ehrenmann verhält". Wer dieser Erwartung nicht entsprach, fand sich hinter den geschlossenen Türen des Präsidentenbüros im Angesicht zu Angesicht mit Lee wieder, was eine höchst unangenehme Erfahrung war. Die Studenten befolgten die Regeln des Washington College, weil sie Lee nicht enttäuschen wollten. Die Ausbildung war erfolgreich, weil Lee sein eigenes Verhalten mit derselben Strenge kontrollierte, die er von seinen Studenten forderte.

Robert E. Lees fünfjährige Amtszeit als Präsident des Washington College war ein totaler Erfolg. Er baute das College aus den Ruinen des Krieges auf und machte es zu einer herausragenden Institution. Einige der Innovationen, die er am Washington College einführte, wurden an anderen Schulen im ganzen Land übernommen. Nach seinem Tode wurde Lee von einem Kollegen nicht nur als der beste General bezeichnet, den Amerika je hervorgebracht hatte, sondern auch als der beste Hochschulpräsident.

Lees Philosophie, für die er selbst sowohl auf dem Schlachtfeld als auch im Klassenzimmer als Vorbild diente, lautete: „Es gibt wahren Ruhm und wahre Ehre: den Ruhm dafür, seine Pflicht getan zu haben, und die Ehre, seinen Prinzipien treu geblieben zu sein. Öffentliches und privates Leben sind denselben Regeln unterworfen. Ehrlichkeit und Verantwortungsbewußtsein führen den Menschen weit besser durch diese Welt als Strategie oder Takt oder Zweckmäßigkeit oder jeder andere Begriff, der geprägt wurde, um eine Abweichung vom geraden Weg zu verschleiern oder zu mystifizieren."

George Washington: Zu seinen Prinzipien stehen

Zu Recht streben Menschen mit herausragenden Fähigkeiten und großem Ehrgeiz nach Reichtum und Macht. Doch lassen Sie sich davon nicht täuschen! Reichtümer und Macht, die unter Aufgabe Ihrer Charakterprinzipien erlangt werden, können Ihnen unmöglich Zufriedenheit verschaffen. Wie können Sie darüber hinaus beanspruchen, ein Vorbild für andere zu sein, wenn Sie Ihre Prinzipien aufgeben – sei es auch nur für einen kurzen Zeitraum? Ein Dieb tut letztlich genau dasselbe. Motivieren Sie die Menschen zu herausragenden Leistungen, indem Sie selbst nach herausragender Leistung streben. Führen Sie, indem Sie ein Beispiel geben! Charakterstärke ist die Felssohle, auf der das gesamte Gebäude der Führung steht. Mit Charakterstärke kommt der gesamte Wert des einzelnen und seines Teams zum Tragen. Ohne sie werden Fehlschläge oder bestenfalls Mittelmäßigkeit die Folge sein. Charakterstärke ist eine Angewohnheit, die sich in der täglichen Entscheidung zwischen Gut und Böse offenbart. Sie ist eine moralische Kategorie, die schrittweise zur Reife gelangt. Sie taucht nicht plötzlich auf. Ihr Betrieb ist ein Spiegelbild Ihrer selbst. Durch große Charakterstärke gewinnt ein Vorgesetzter die Kontrolle über sich selbst. Durch Beständigkeit und Kompetenz gewinnt er die Hochachtung seiner Untergebenen. Der Erfolg der gesamten Gruppe basiert auf der Zuverlässigkeit des Verhaltens des Vorgesetzten, der die Führung übernimmt. Eine Führungskraft sollte eine professionelle Einstellung und natürliche Eignung für leitende Aufgaben haben. Ihre Gedanken müssen tiefgründig und ihr Urteilsvermögen ausgeprägt sein. Sie muß hart arbeiten und emotional belastbar sein. Sie sollte sich die Achtung ihrer Untergebenen durch ein geeignetes System von Belohnungen und Strafen verschaffen. Sie sollte in fast jeder Situation freundlich, liebenswürdig und höflich sein, jedoch streng, wenn erforderlich. Vor allen Dingen muß eine Führungskraft anhand ihres Handelns beurteilt werden. Vorzugsweise sollte sie aufgrund ihres Vorbildcharakters für Führungsaufgaben ausgewählt werden.

Anfang 1783 war der Unabhängigkeitskrieg so gut wie vorüber. Im November 1782 war in Paris ein vorläufiger Friedensvertrag unterzeichnet worden. Doch der Kampf um Unabhängigkeit und Freiheit war noch nicht zu Ende. Im März 1783 war nicht Großbritannien der größte Feind von Unabhängigkeit und Freiheit, sondern die Soldaten waren es, die im Unabhängigkeitskrieg gekämpft hatten. In dieser Schlacht leistete George Washington durch persönliches Vorbild seinen größten Beitrag als politischer Führer.

Die 13 Kolonien waren 1783 in einer losen Allianz unter den Artikeln der Konföderation, ein der Verfassung vorausgehendes Dokument, miteinander verbunden. Die Artikel der Konföderation erkannten weder das Bestehen einer „Bundesregierung" an, noch gaben sie dem Kontinentalkongreß das Recht zur Steuererhebung oder anderen Formen der Geldaufnahme. Alle Finanzmittel, die der Kontinentalkongreß für die Versorgung der Kontinentalarmee und den Sold der Truppen hatte, waren auf nahezu freiwilliger Basis von den 13 Staaten zur Verfügung gestellt worden. Darüber hinaus hatte der Kontinentalkongreß zur Kriegsfinanzierung eine Währung geschaffen und Kredite aufgenommen. Nach dem Ende des Unabhängigkeitskrieges gab es kein Geld mehr, um die Armee zu bezahlen oder die Kredite zu begleichen. Die einzelnen Staaten waren immer weniger bereit, Finanzmittel zur Verfügung zu stellen, weil die unmittelbare Krise vorüber war. Die Währung war daher wertlos, und die Kredite konnten nicht zurückgezahlt werden.

Der Geldmangel des Kontinentalkongresses versetzte die Armeeangehörigen, besonders die Offiziere, in eine verzweifelte Lage. Der Kontinentalkongreß war der Armee große Summen für ausstehenden Sold und Pensionen schuldig, die versprochen worden waren, um die Männer zum Kriegsdienst zu bewegen. Rasch wurde den Soldaten klar, daß die Armee ohne Auszahlung der versprochenen Summen aufgelöst werden würde, womit viele von ihnen mittellos wären. Die Folge war, daß einige einflußreiche Offiziere, unterstützt von mächtigen zivilen Finanzinteressen (in deren Besitz sich ein Großteil der wertlosen Währung und Schuldscheine befanden) planten, den Gesetzgeber mit Hilfe der Armee zur Zahlung der ausstehenden Schulden zu zwingen. Die Armee drohte schließlich, die schwache und schlechtorganisierte Regierung der Vereinigten Staaten zu stürzen.

Die Verschwörer wußten, daß George Washington von großem Wert beim Sturz der Regierung sein könnte, vorausgesetzt er ließe sich überzeugen, daß dies der richtige Schritt sei. Alexander Hamilton und andere unterbreiteten Washington ihre Argumente, die darauf hinausliefen, das Land könne nur durch eine vorübergehende Machtergreifung der Armee vor der Anarchie bewahrt werden. Wäre Washington bereit, die Armee dabei anzuführen, so Hamilton und andere, würde es nur zu wenig Blutvergießen und geringer Störung der Ordnung kommen. Sobald die Armee bezahlt sei, würde ihrer Meinung nach die Zivilregierung wieder an die Macht gebracht werden. Zu jenem Zeitpunkt war die Zukunft der amerikanischen Demokratie offen.

Nach langer Überlegung lehnte Washington den Vorschlag ab. Washington antwortete auf ein Schreiben, in dem ihm nahegelegt wurde, König der Vereinigten Staaten zu werden, mit den Worten: „Kein Vorkommnis während des Krieges hat mich so geschmerzt wie Ihre Mitteilung, daß es innerhalb der Armee derartige Ideen gibt, die mich mit Entsetzen erfüllen. ... Es ist mir unerklärlich, in welcher Weise mein Verhalten zu einer (Vorstellung) Anlaß gegeben haben könnte, die, wie mir scheint, (geeignet) ist, das größte Unglück herbeizuführen, das meinem Lande widerfahren könnte."

Doch die Idee, daß die Armee die Regierung stürzen müsse, hielt sich hartnäckig. In großer Sorge berief Washington am 15. März 1783 ein Treffen mit Armeeoffizieren in seinem Hauptquartier in Newburgh, New York, ein. Diese Versammlung war eine der wichtigsten in der kurzen Geschichte der Vereinigten Staaten von Amerika. Ihr Ergebnis sollte das Schicksal der zukünftigen Regierung der Vereinigten Staaten bestimmen.

In einer sorgfältig vorbereiteten Rede argumentierte Washington, der Sturz der Regierung sei ein ungeeignetes Mittel und würde nur den Familien und Freunden der Soldaten selbst schaden. Er beschwor die Ideale der Revolution und appellierte an patriotische Gefühle. Er versicherte den Männern, daß der Kongreß ihnen letztlich gerechte Kompensation zukommen lassen werde, und versprach, sich persönlich dafür einzusetzen, daß allen Gerechtigkeit widerfahre. Washingtons Argumente vermochten die Männer nicht zu überzeugen. Sie blieben weiterhin zum Handeln entschlossen.

In seiner Verzweiflung versuchte Washington, einen weiteren Abschnitt vorzulesen, von dem er hoffte, er werde die Offiziere umstimmen. Die Handschrift war jedoch zu klein für sein schwaches Augenlicht. Er griff in die Tasche, um seine Brille hervorzuholen. Während er sie aufsetzte, sagte er: „Ich hoffe, Sie verzeihen, Gentlemen. Offenbar bin ich im Dienste an meinem Lande nicht nur ergraut, sondern verliere außerdem noch mein Augenlicht." Diese schlichte, demütige Aussage, die all den Einsatz und die Opferbereitschaft ausdrückte, die George Washington verkörperte, änderte den Ausgang des Treffens. Angeregt von Washingtons Beispiel, beschlossen die Männer zu warten, bis der Kongreß handelte, und erlaubten Washington, ihr Anliegen vor den Kongreß zu bringen. Thomas Jefferson sagte dazu später: „Die Zurückhaltung und Tugendhaftigkeit, die beispielhaft in Washingtons Charakter verkörpert waren, verhinderten darüber hinaus, daß diese Revolution so endete, wie die meisten anderen, nämlich in der Vernichtung der Freiheit, die sie erringen sollte."